6　大善寺本堂《だいぜんじ》　国宝　山梨県勝沼市

大善寺は奈良時代に行基《ぎょうき》の開創と伝えられる。本尊は葡萄《ぶどう》を手にした薬師如来《やくしにょらい》坐像《ざぞう》で，本堂は「薬師堂」とも「ぶどう寺」とも呼ばれる。弘安９年の刻銘柱があり，13世紀の元寇の頃の建築である。

4　関家住宅　重要文化財　神奈川県横浜市

関家は世襲名主《せしゅうなぬし》を務めた家柄で「おだいかん」と呼ばれた。最初に炭素14年代調査を行った古民家で，主屋は江戸時代初め，書院は徳川家光公ゆかりの伝承を裏付ける成果が得られた。

5　飯田家作業所　広島県廿日市市《はつかいちし》

広島湾に浮かぶ宮島は平安時代より厳島神社《いつくしまじんじゃ》の神域で，その門前町として宮島の街並みが形成された。飯田家作業所は全国的にも数少ない17世紀の古町家で，解体後部材が保存されている。

2　滝沢本陣横山家住宅
重要文化財
福島県会津若松市

白川街道沿いの本陣で，主屋棟と本陣座敷棟が接続している。文禄４年（1596）に現在地に移転し建築された当初建物の大黒柱などを再利用して，延宝６年（1678）に現在の主屋が建設された。戊辰戦争の本営となり，書院座敷には弾痕や刀傷が残る。

3　尾形家住宅　重要文化財
山形県上山市

尾形家は代々庄屋を務めた家柄で，住居は17世紀末の広間型中門造民家である。独立柱が並ぶ古風な土間に架けられた桁行梁の木口から炭素14年代調査試料を採取した。

1　鑁阿寺《ばんなじ》本堂　国宝　栃木県足利市

鑁阿寺の本尊は大日如来（真言種子《しんごんしゅじ》は金剛界ではバン，胎蔵界では阿）で「大日さま」と慕われている。堀と土塁に囲まれた方二町《ほうにちょう》（200メートル四方）の境内は「足利氏宅跡」として国の史跡に指定。

歴博フォーラム

築何年？

炭素で調べる
古建築の年代研究

国立歴史民俗博物館
坂本 稔・中尾七重［編］

吉川弘文館

はしがき

本書は、平成二十五年六月一日、国立歴史民俗博物館（歴博）講堂で開催された、第八八回歴博フォーラム「築何年？　炭素で調べる民家の年代研究最前線」の記録集である。

歴博は炭素14年代法による年代研究を推進し、これまで縄文時代の土器編年への実年代の付与、弥生時代のはじまりが従来の考えよりさかのぼること、あるいは箸墓《はしはか》古墳の築造年代といった成果を着実に挙げてきた。これらは主に考古学と自然科学の協業によるものだが、歴史時代に対する炭素14年代法の応用はこれまで十分ではなかった。歴史学の要請する年代の精度が極めて高いこと、あるいは資料・史料研究から想定される年代観がある程度確立し、誤差のある炭素14年代法の出る幕はないものと思われていたことも一因であろう。

ところがこの数年の間に、炭素14年代法の技術的な要件は格段の進歩を遂げている。すなわち、加速器質量分析法（ＡＭＳ）による試料の僅少化（少しでもはかれる）、測定の効率化（たくさんはかれる）、高精度化（ちいさな誤差）が進んだ。また、測定値を暦上の年代に修正する較正曲線も更新され、それに基づく炭素14－ウィグルマッチ法の考え方も普及しつつある。木材であれば、今や年代を数年から十数年の誤差ではかれるようになっている。

それに伴い、浮上したのが歴史的建造物の「建築年代」を炭素14年代法ではかるというアイデアである。考古学が土器型式を分類するように、日本建築史学は様式をもとに古建築を分類し、文書や棟札などをもとに年代を推定する。ところが、特に民家で多いケースであるが、文字資料が伴わない、古建築の様式分類が十分でない、あるいは修理・改築などを経て当初の姿から変わっている場合などは、炭素14年代法による「数値年代」が威力を発揮する。日本建築史学の強力なツールである「痕跡復原法」によって当初とされる部材を抽出し、それにノタや辺材が残っていれば、建築年代に限りなく近づくことができる。

これまで様々な歴史的建造物の炭素14年代測定が実施され、なかにはフォーラムで報告された足利《あしかが》市鑁阿寺《ばんなじ》のように、数値年代が建造物の歴史的位置づけを解明するなどの成果も得られている。いうまでもなく、これらは日本建築史学と炭素14年代法が協力して得られたものであり、モノ資料に基づく新しい歴史学の実践に他ならない。

フォーラムでは最新の研究成果を紹介し、ともすれば難解になる自然科学的な考え方を平易に解説することを心がけた。歴史的建造物という比較的親しみやすい素材をあつかったこともあり、聴衆の皆様には比較的好評を以て迎えられたと思われる。しかしながら、歴史的建造物への炭素14年代法の応用は始まったばかりであり、フォーラム以降も数々の成果、ならびに課題が明らかになりつつある。

本書が歴史学と自然科学の協業による、年代研究の最前線を理解する一助となれば幸いである。

坂本　稔

目次

＊本書では各執筆者の判断により、放射性炭素／炭素14／^{14}Cなどの表記を章ごとに統一している。

Ⅰ　古建築と炭素14年代法

1　古民家の^{14}C年代研究

中尾七重

はじめに

放射性炭素年代法という自然科学分析の方法を使って、建物の建築部材の伐採年代を調査し、古民家や文化財建造物の建築年代を調べる研究を始めて一〇年、やっと、こうやって皆さまにその成果をご披露できるようになり、大変うれしく思っています。今日まで、この年代研究をどのように進めてきたかをお話しし、現在の研究の状況をご説明したいと思います。

本日のテーマは「古民家の^{14}C年代研究」です。^{14}Cは、私どもは「カーボン・フォーティーン」とか「炭素14」と呼んでいますが、放射性炭素のことです。放射性でない、安定した普通の炭素の仲間の^{12}Cと^{13}Cは、生き物が死んだ後も体内にある炭素の量はずっと変わらないのですが、放射性炭素の^{14}Cだけは次第に減っていきます。ですから、死んだら減る放射性炭素がどのくらい減ったかを調べることで、死んでからどのくらいの年代がたったかが分かるのです。

(1) 建築年代の調べ方——建築史学の方法——

建物の建築年代というのはどうやって調べるのでしょうか。まず、建築史学の方法があります。寺院や神社などは、建築様式から古代の寺院の様式であるとか、中世の寺院の様式などがありますので、それらの様式を調べて建築年代を推定します。また、こういう社寺建築は文献史料などが残されていて、「いつ建てた」ということが記録されている場合が多いのです。

これに対して民家というのは、文字記録があまり無い歴史資料です。地域性が大きく、社寺建築のような装飾や様式を持たず、年代ごとの特徴や形式も地域と身分階層によって異なります。社寺建築のように、日本の各時代を表す建築様式で年代を判定することは、民家ではできません。そこで、より狭い地域の範囲で、民家の構造や技法の形式の変化を調べ、古い形式から新しい形式への変化を手掛かりに民家の建築年代を推定するという、痕跡復原《こんせきふくげん》・民家編年《みんかへんねん》の方法を用います。

痕跡復原法とは、建てられた当初の姿に復原する方法です。民家は人々の住まいで、人の暮らしがある場所ですから、幾度も改造などが加えられてきています。形式から建築年代を調べるためには、それを建てた当時の姿に復原する必要があります。年月を経て、改造や増築が繰り返されてきた民家の柱や梁《はり》には、その改造の痕跡が残されています。部材の表面や仕口などを観察すると、当初の建築時に用材を横にして加工した美しい仕上がりの貫穴《ぬきあな》や溝などの痕跡があり、さらに、改造の都度付け

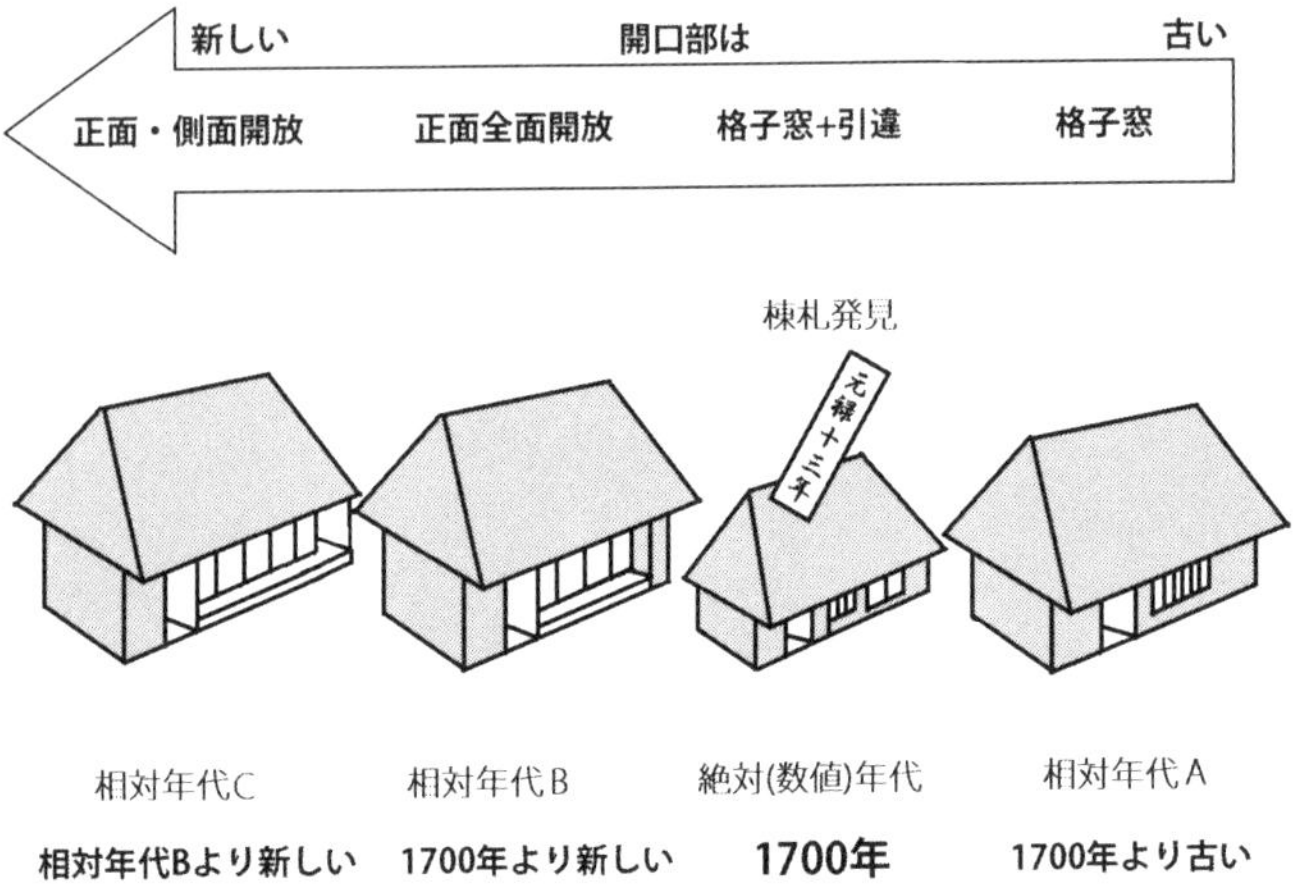

図1　民家編年のモデル図

られた、後付けで仕上げの精度が落ちる加工の痕跡が残されています。また、材表面の風食はその部材が外気に曝された時期があることを表しているのですし、表面に残された蛤刃《はまぐりば》チョウナや、平刃《ひらば》チョウナや、鉋《かんな》や、大鋸《おが》の痕は製材法を表す痕跡で、その製材技法は製材された時代を反映しているのです。このような古建築部材に残る痕跡をたどって、当初の姿に復原することができます。

民家編年法とは、ある地域の民家を当初復原し、細部を調べて、その地域で時代によって変化する技法を編年指標として用いて、地域の民家の新旧関係を決めてゆく方法です。

例えば、ある村に民家があります。よく観察すると、正面側の開口部がいちばん小さい家が古く、いちばん広々としている家が新しいことが分かってきました。そこで、家屋正面表側の格子窓《こうしまど》や引違戸《ひきちがいど》などの、開口部の大きさを年代の基準（編年指標）として、民家を比較して、新しい古いを判断します。そうすると、ある村の民家を古い順に並べることができます。そしてそのうちのひとつの民家から「元禄十三年」という棟札《むなふだ》や記録が出てくると、その年代を定点として他の民家の建築年代を推定します。どの家が古くて、どの家が新しいかという相対年代をもとにそれぞれの民家の建築年代を推定するのです。

(2) 放射性炭素（^{14}C）年代調査を始める——二〇〇四年——

これに対して今回用いた自然科学的な調査法というのは、数値で年代がわかります。^{14}C 年代法は、測定誤差があるので、約二〇〜三〇年の範囲で年代を決めることができます。木材の元の樹木が死んだ年、伐採された年が分かるので、これをもとに、だいたいの民家の建築年代を推定します。

他にも年輪年代法《ねんりんねんだいほう》という年輪の幅の変動で年代を探っていく方法もあります。年輪年代法は、誤差なしで樹木の伐採年を測ることができ非常に優れているのですが、日本ではヒノキ、スギ、コウヤマキ、ヒバと、測ることのできる樹種が限定されています。民家にはマツやケヤキ、年輪の少ない細い材などが使われていて、そういう木材は年輪年代法が使えません。しかし、^{14}C 年代法は、樹木や草花、動物などかつて生きていた生物の遺体なら何でも使えます。もちろん木の樹種も問いません。このような利点を生かして、^{14}C 年代法の文化財建造物への適用研究を始めました。

はじめての年代調査の時のことをお話しします。今をさかのぼること一〇年前、二〇〇三年五月に^{14}C年代法の記事が新聞に載りました。国立歴史民俗博物館の研究で、^{14}C年代測定によって弥生時代が五〇〇年さかのぼるというのです。大変センセーショナルな記事で、紙面に大きく取り上げられていました。私はそのころ、ある民家の年代が知りたかったのですが、どうしても建築年代がわからなくて困っていたところにこういう記事があり、それでこの^{14}Cの方法を使えないかと考えたわけです。

でも、民家は江戸時代ですから、こういう新しい時代はどうなのだろう。また、この研究を始めるとすれば、かなり本格的に取り組まなければいけません。私にやれるだろうかとためらい、実は一年間、誰かちゃんとした研究者の先生が取り組まれるといいなと思って、様子をうかがっていました。しかし誰も始めてくれそうになかったので、「これはしょうがない、自分が始めよう」と決心し、当時、国立歴史民俗博物館で^{14}C年代研究をされていた今村先生と一緒に最初に^{14}C年代調査をやったのが、横浜の重要文化財関家住宅です。関家は、関東屈指の古民家といわれ、建築史の調査からも江戸時代の最初の時期にさかのぼるだろうと、考えられていました。関家住宅は文化財保存修理工事の最中だったので、修理工事現場から材料の提供を受けることができました。そして、^{14}C年代調査の結果はこれまでの知見と合致したのです。建築調査で一七世紀前期、関東最古級の民家と考えられてきた関家住宅の建築年代を、自然科学調査で確かめることができたのです。

「この方法は使えるかもしれない」と、非常に手ごたえを感じました。

(3) 福武学術文化振興財団助成研究――二〇〇五年――

関家の調査に関しては、その費用は国立歴史民俗博物館の今村先生の基盤研究で調査していただきました。その研究成果を基にして、福武学術文化振興財団の研究助成を受けることができました。「国立歴史民俗博物館」と、「全国重文民家の集い」という民家所有者の会、全国の重文民家の所有者の方たちのご協力を得て、民家の年代研究を始めました。

重要文化財民家というのは、行政などの地方公共団体が所有している場合と、個人所有者の場合があります。その個人所有者の会の方の集まりが「全国重文民家の集い」で、現在NPO法人になっている会です。実はここの代表幹事さんが私の高校時代の恩師で、部活動の顧問の先生だったのです。さっそく、福武財団の助成を受けたときにその吉村先生に電話をして、「先生のお宅を調べさせてください」とお願いしたら、「私のところだけでなく日本中の重文民家のお仲間の家があるから、紹介してあげる」と言っていただきました。吉村先生にご紹介いただいて、重文民家の^{14}C年代調査を始めたのです。

この時調査させていただいたのは次の六棟です。重要文化財箱木家住宅（図2－1）。これは日本でいちばん古いといわれている、兵庫県にある民家です。

重要文化財吉原家住宅（図2－2）。広島の尾道の向かい側、瀬戸内海に浮かぶ向島の民家です。

図2-1　箱木家（兵庫）

図2-2　吉原家（広島）

図2-3　吉村家（大阪）

図2-4　三木家（徳島）

図2-5　旧泉家（大阪）

図2-6　滝沢本陣横山家（福島）

重要文化財吉村家住宅（図2－3）。これが吉村先生の家で、大阪の豪農の家です。日本で最初に民家として文化財指定された建造物で、第二次世界大戦以前は国宝でした。

徳島の重要文化財三木家住宅（図2－4）。大嘗祭という天皇の代替わりの即位式に、麁服《あらたえ》という麻の布を納める役を持った家です。徳島の山中にあります。

大阪の日本民家集落博物館にある重要文化財旧泉家住宅（図2－5）。私が最初に年代を知りたかった民家です。

重要文化財滝沢本陣横山家住宅（図2－6）。宮澤先生の章で紹介してくださる家で、東北地方最古の民家といわれています。これらの民家の年代調査を行いました。

ところが、これらの年代調査の結果は、実は、最初に予測していた年代とうまく合わなかったのです。箱木家は室町時代といわれていたのですが、鎌倉時代の材が出ました。吉原家は江戸時代初めの寛文《かんぶん》の建物といわれていたのに、部材はもう少し新しいことがわかりました。吉村家は、これは後でわかったのですが、材が汚染されていて、このときはたいへん古い年代が出ました。旧泉家は一七世紀前半といわれていたのが、一七世紀末の年代が出ました。滝沢本陣横山家についても、大どんでん返しの結果が出たのですが、それは宮澤先生の章を楽しみにしてください。

そういうわけで、これだけやって、実は三木家だけが、最初の予測とほぼ一致する年代が出て、あとは違った年代となったのです。その理由としては、これは^{14}C法でも年輪年代法でもそうなのですが、自然科学的年代調査法では、部材のいちばん外側の年輪の年代が分かるものなのです。ですから製材などで表面をうんと削ってしまっている木の場合、本当の伐採年より古い年代となってしまいます。測定して得られた年代に、削り取った分の年輪数を足してやらなければならないのですが、削り取った年輪が何年あるかはわからないことが多く、そのため部材の年代と建築年代がズレることがありました。また、建築年代に諸説あったということもあります。旧泉家の建築年代は、それまで一七世紀前期から一七世紀末まで諸説あったのですが、^{14}C年代調査では一七世紀末という結果になりました。

(4)　科学研究費補助金「中近世建築遺構の放射性炭素を用いた年代判定」
——二〇〇六～〇八年——

このような民家年代調査の結果を踏まえて、次に、古建築を対象にした^{14}C年代調査は信頼できるのか、使えるのかというテーマで、科学研究費をいただきました。私自身は大学の非常勤講師で自分の研究費を持っておりませんので、最初は歴博の基盤研究で研究を開始し、それをもとに福武財団研究助成を獲得し、福武財団の成果から科研を獲得し、というわらしべ長者方式で研究を進めました。

信頼性に関しては、とにかく年代のわかった建築や部材を測って、^{14}C年代法が信頼できるのかどうかを確かめるところから始めなさいと、周りの方々から助言をいただき、それで渡辺先生に相談すると、柱表面に「何年に建てた」と書いてある柱がある。国宝の大善寺《だいぜんじ》です。「弘安九年」と書いた柱

図３　長野県宝　池口寺薬師堂（平成22年復原竣工）

を測ってみて、それでその年になるかどうかを調べてみようという研究を渡辺先生と一緒にさせていただきました。大善寺本堂については、Ⅱ―4で、渡辺先生が取り上げてくださいます。

民家だけでなく、お寺のほかに住宅も調査いたしました。千葉大学のモリス先生と棲雲寺《せいうんじ》の庫裏《くり》、京都工芸美術大学の丸山先生と萬福寺天真院《まんぷくじてんしんいん》などを測りました。また、熊本の麦島城《むぎしまじょう》、これは発掘遺構なのですが、発掘されたお城も測りました。

いろいろ測って分かったことは、どの部材を測るのか、いったい自分は何を測っているのか、はっきり分かって測らないとだめということです。建物というのは途中で何度も修理などが入ります。古材を使う場合もありますから、建築年代を調べるなら建築当初に伐られて使われた材を調べなければなりません。そのためには、建築部材の見分けや痕跡復原調査データがたいへん重要となります。建築物の年代研究というのは、「こんな年代が出ました」と測って済むのではなく、測る最初から年代判定の最後まで建築史研究者がかかわっていかなければいけない。そういう研究なのだということが非常に強く感じられたわけです。

実際に、長野県の池口寺薬師堂《ちこうじやくしどう》の復原修理工事では、建築史研究と年輪年代法および ^{14}C 年代法のコラボレーションで調査研究を行いました。年輪年代法は、奈良文化財研究所の光谷拓実先生が日本で最初に実用化された、年輪間隔の変動パターンから年代を測る方法です。建築調査は建築史の大御所である大河直躬先生がみてくださり、光谷先生が年輪年代法で多数の部材の年代を調べられました。私も後の改造時の柱などの年代を測りました。一つ一つの部材の年代を測り、鎌倉時代当初の部材、あとから入った材料、あとから入った技術などを見分けて、痕跡を丹念に調べ、当初の形に復原し、すばらしいお堂が完成しました（図3）。

(5)　古建築を対象にした ^{14}C 年代調査の進展

ところが、このように研究が進んでくると、ご批判もたくさん受けるわけです。いちばん大きな声が「文化財破壊だ」というものです。この ^{14}C 法は、非常にわずかではありますが、サンプルを採らなければいけません。その中の ^{14}C の量を調べるわけですから、どうしても試料採取が必要なのです。そのことが文化財を破壊しているとずいぶんお叱りをうけました。

もちろん破壊してはいけないわけで、たいへん重要なご指摘なのです。しかし実際にはこの間の技術の向上で、必要な試料量というのは爪楊枝の五分の一程度、そんなわずかの量でも測れるのです。文化財建造物の修理工事というのは、トン単位で廃材が出ます。もし工事の際であれば、トン単位の廃材から、ミリグラム単位の試料をちょっと採るのはできるのではないでしょうか。

国営常陸海浜公園の旧土肥家住宅では、歴博の今村先生、坂本先生と^{14}C年代調査を行いました。これは田中文男棟梁、一色史彦先生、宮澤先生が取り組まれた移築復原工事に伴うもので、日本の民家研究の本当に重要な先生方に、この旧土肥家住宅の^{14}C年代調査をご経験いただきました。

坂本先生はここから私とタッグを組んで、より正確で、より信頼のできる測定結果を出すための研究を本格的に進めてくださいました。この時期に藤田盟児先生がお声がけくださり、宮島の町家や鞆《とも》の浦の町家など、瀬戸内海の町家建築の^{14}C年代調査を行いました。そして、藤田先生はこれらの町家の編年と年代測定による数値年代の関係を調べるという、建築史において大変重要な研究を始めてくださいました。瀬戸内海沿岸にこんな古い町家があったことも大きな発見です。この後の藤田先生の章を楽しみにしてください。

東京藝術大学（当時）の上野勝久先生とは鑁阿寺《ばんなじ》本堂の^{14}C年代調査を行いました。上野先生は^{14}C年代調査の結果を建築史学の知見と合わせて考察され、鑁阿寺本堂の日本建築としての高い価値を実証されました。その研究成果により、先ほどもお話がありましたように、鑁阿寺本堂はこれまで重要文化財だったのですが、今年の五月に国宝への昇格指定の答申が出されました（平成二十五年八月に国宝指定）。今回上野先生とご一緒にさせていただいた ^{14}C年代調査の結果が、国宝指定のお役に立ったとすればたいへん嬉しいことで、とても喜んでいます。

国営常陸海浜公園の旧土肥家では、部材の汚染という問題が、この研究の新しいテーマとして出てきました。宮島町家では、^{14}C年代調査による部材年代からの民家編年の再構成研究が進みました。また鑁阿寺本堂では国宝指定に役立つなど、古建築の ^{14}C年代調査はいろいろ成果があがってきました。

少し前までは非難ばかりされて、年代調査の結果はちゃんと討論のまな板の上にのせてもらえない状態だったのですが、このところ、少し認めていただけるような状況になってきたと感じています。また、科学研究費も一昨年からいただくことができ、先ほどの汚染の問題も含めた技術的課題の解決に取り組んでいます。

このように学術的にはかなり進んできましたので、専門家だけではなく、もっと広く皆さんに知ってもらいたいという気持ちが強くなってきました。もちろん一般の方にも知っていただきたいし、修理工事の現場で「この建物はいつのものだろう」「この改造はいつのものだろう」と疑問に思ったときに、この ^{14}C年代調査法を使っていただけるように、現場の建築士さんなどに知っていただきたい。そういう普及活動を進めていきたいと思っています。

同時に文化財建造物の ^{14}C年代調査も進めています。日本建築史学の重鎮でいらっしゃる関西大学の永井規男先生とは、国宝高山寺石水院や重要文化財岡花家住宅、それから宮澤智士先生とは重要文化財滝沢本陣横山家住宅や重要文化財古井家住宅、古井家というのは、日本で二番目に古い家です。そして東京藝大の日塔和彦先生とは会津喜多方市の重要文化財熊野神社長床《くまのじんじゃながとこ》の調査もやりました。

また、宮澤先生、日塔先生と山形大学加速器質量分析センターの門叶先生と地元の重要文化財尾形家住宅の共同調査をやりました。山形大学高感度加速器質量分析センターのAMS（加速器質量分析装置）で^{14}C年代測定していただきました。

このようにいろいろな先生、いろいろな機関と一緒に調査ができるようになり、^{14}C年代調査という方法が、民家や文化財建造物の年代調査に大変有用で役に立つということが、かなりわかってもらえるようになってきました。

文化財建造物の^{14}C年代調査に取り組んでいるのは、もう私たちだけではありません。いままでは私たちしかやる人がいなかったので、文化財建造物の^{14}C年代調査で、私の知らないものはなかったと思うのですが、最近はいろんな方が古建築の^{14}C年代調査を始められています。私がかかわっていない事例を紹介します。松江城《まつえじょう》天守年代調査は神奈川大学名誉教授西和夫先生が松江城の天守の部材を^{14}C年代調査法で調査されました。そして、月山富田城《がっさんとだじょう》の部材が松江城に運ばれ用いられていたという報告を出されておられます。こうして^{14}C年代調査がひろがってきているのは大変嬉しいです。

実は古民家・古建築の^{14}C年代調査は、^{14}C年代調査研究の中でも最も新しい時代を対象にしていまして、世界でもこの新しい時代の研究をしているのは私たちだけです。世界的に見ても他に類のない先端研究なのです。なぜ日本でこのような研究が始まったのかというと、日本では古い木造建築が大切に修理されながら使い続けられてきたからです。この日本の木の建築文化があったから、古民家・古建築の¹⁴C年代研究が進んできたのです。今後、世界の様々な地域の木造文化財に貢献できる技術に育ってほしいと願っています。

この歴博フォーラムでたくさんの方にこの研究がどんなに役に立つか、どんなにおもしろいか、どんな成果があるかを知っていただく機会を持つことができました。

こういうかたちで、皆さんに民家や文化財建造物の¹⁴C年代調査研究をご紹介できることを嬉しく思っています。学術研究ではありますが、昔のように、ただ真実を追究するだけで済ませていてはいけない時代です。学術研究だけでは足りないのです。真実に近いところに歩みを進めるのは私どもの責任ですが、それを本当にたくさんの皆さんにわかっていただき、応援していただく。それによって、また研究が進むというのが今の社会の状況で、それは大変いいことです。こういう機会にお運びいただいたのは大変うれしいと思いますし、これをきっかけに研究の応援団となっていただきたい、というところで締めくくりとさせていただきます。

イラストで学ぶ炭素14年代法

中尾七重 原案・坂本稔 監修・尾高世以子 作画

地球には，宇宙のかなたから強力な放射線（宇宙線）が降り注いでいます。

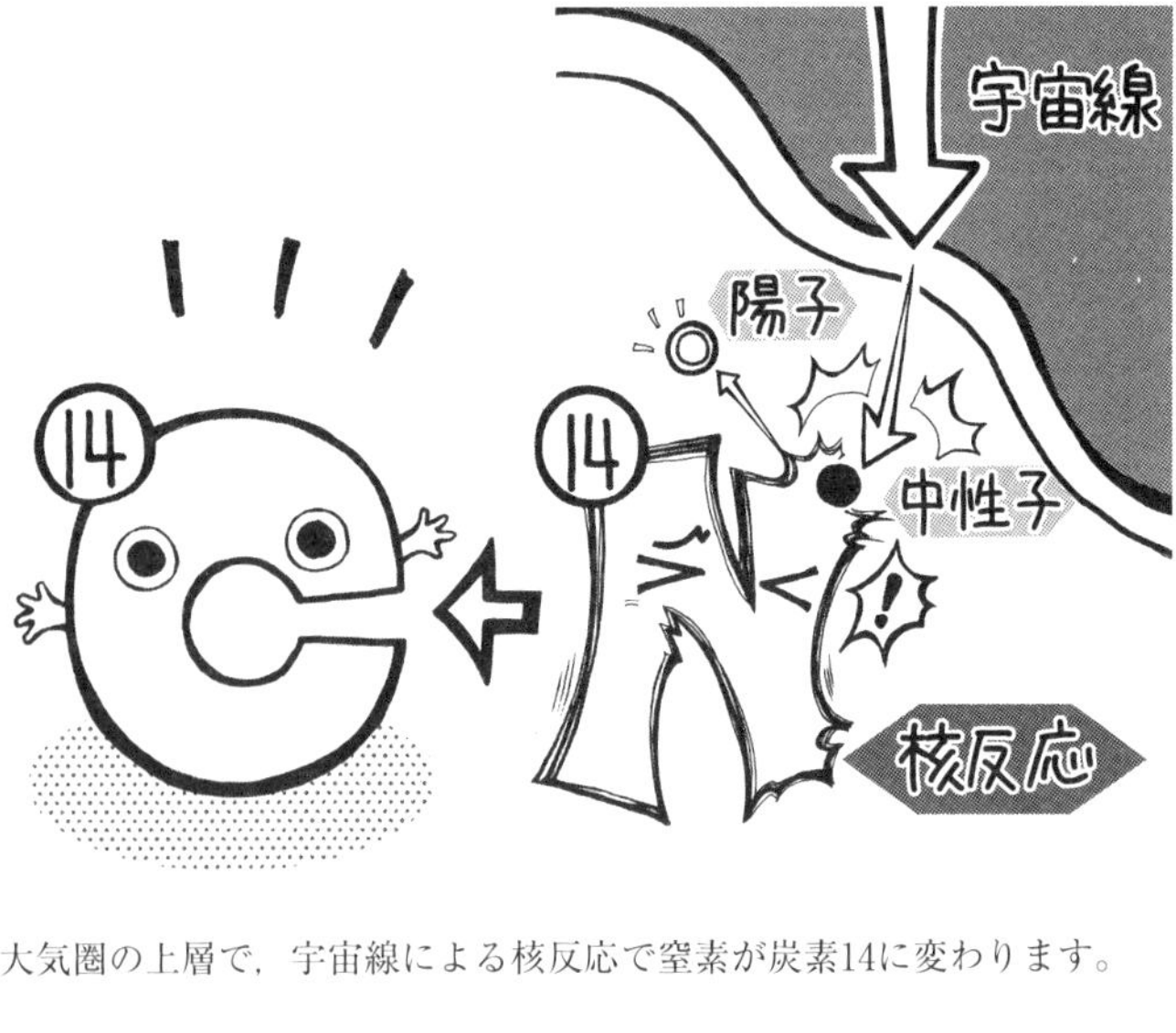

大気圏の上層で，宇宙線による核反応で窒素が炭素14に変わります。

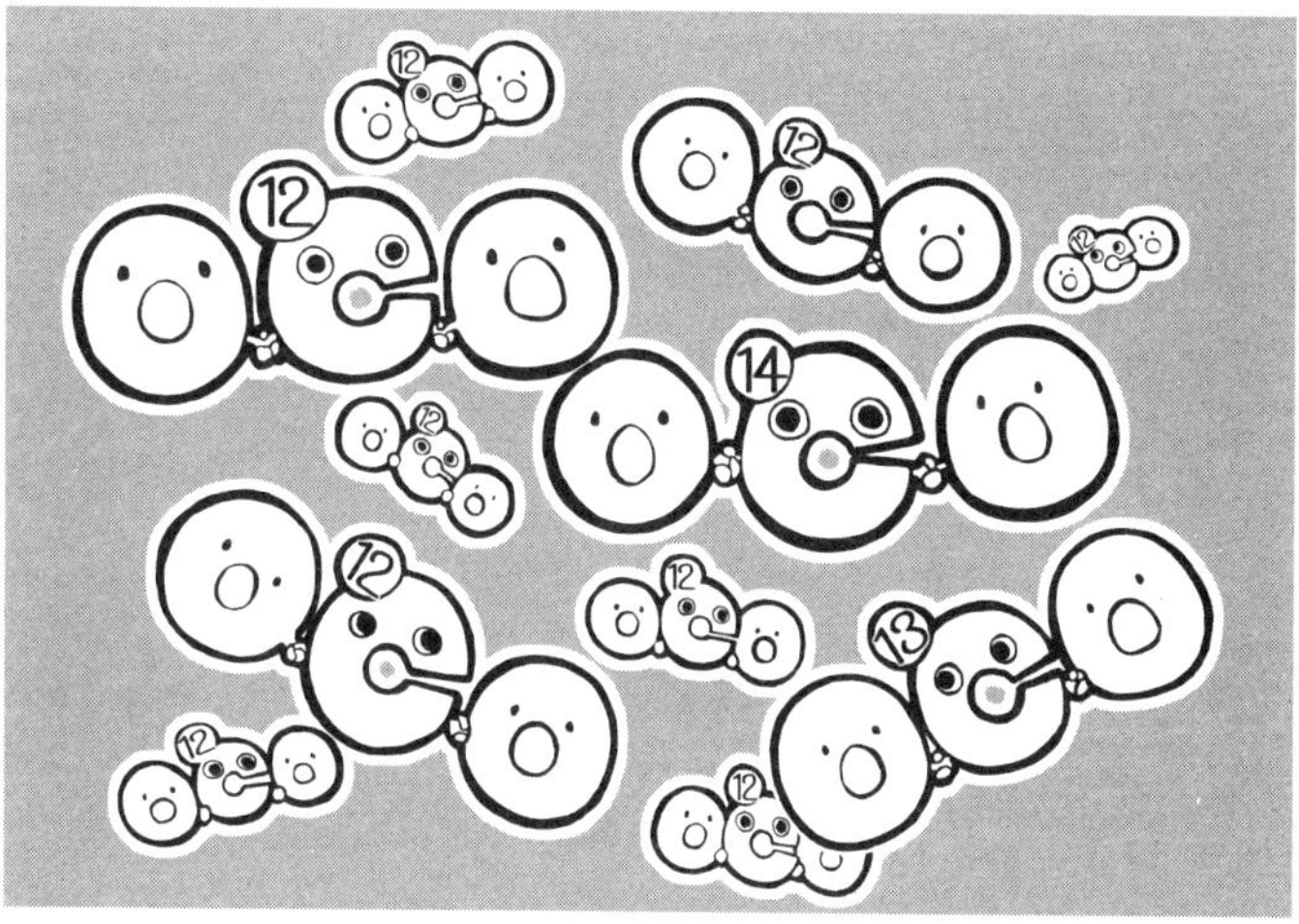

炭素12・炭素13と同様に，炭素14は酸素と結びついて二酸化炭素になります。

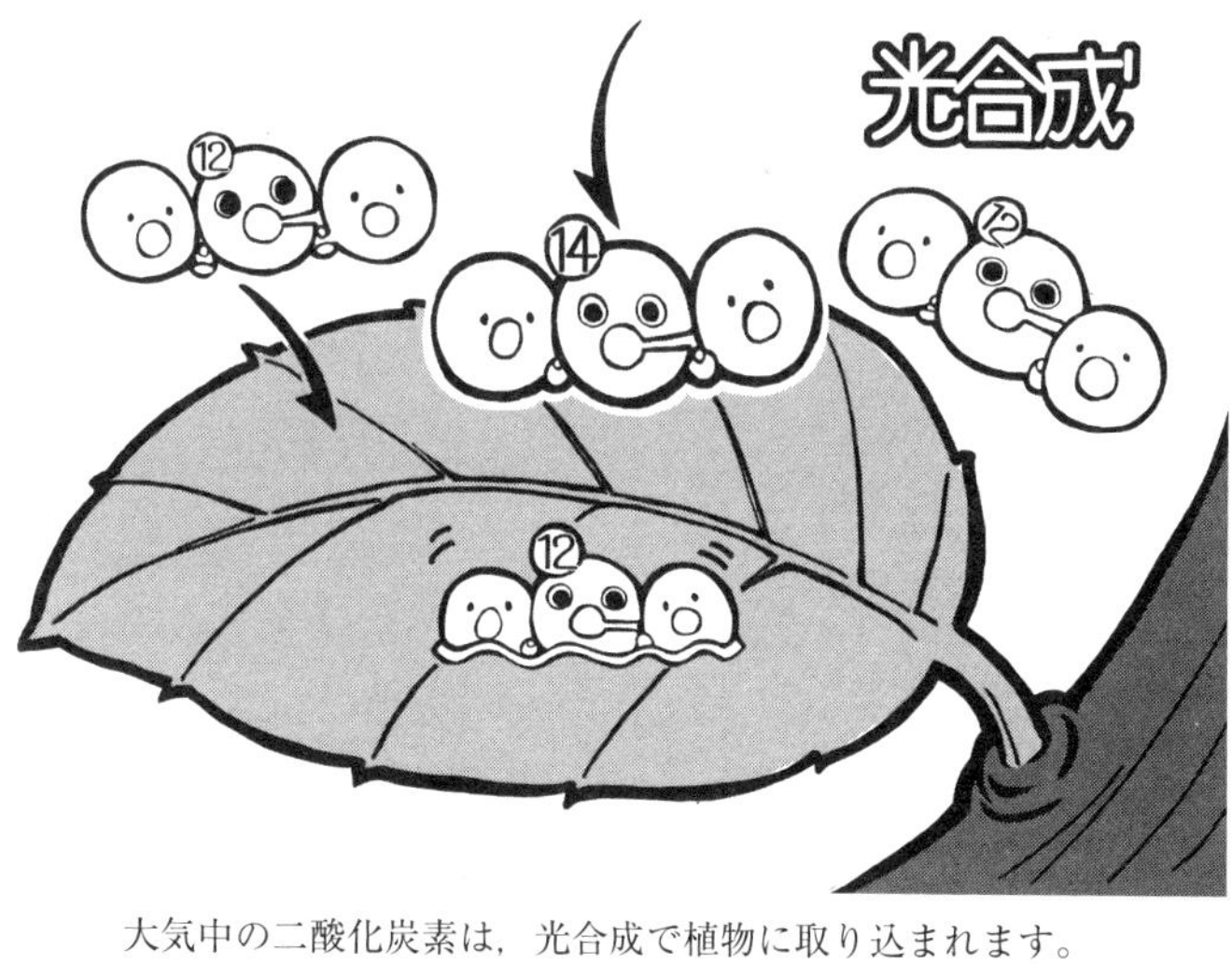

大気中の二酸化炭素は，光合成で植物に取り込まれます。

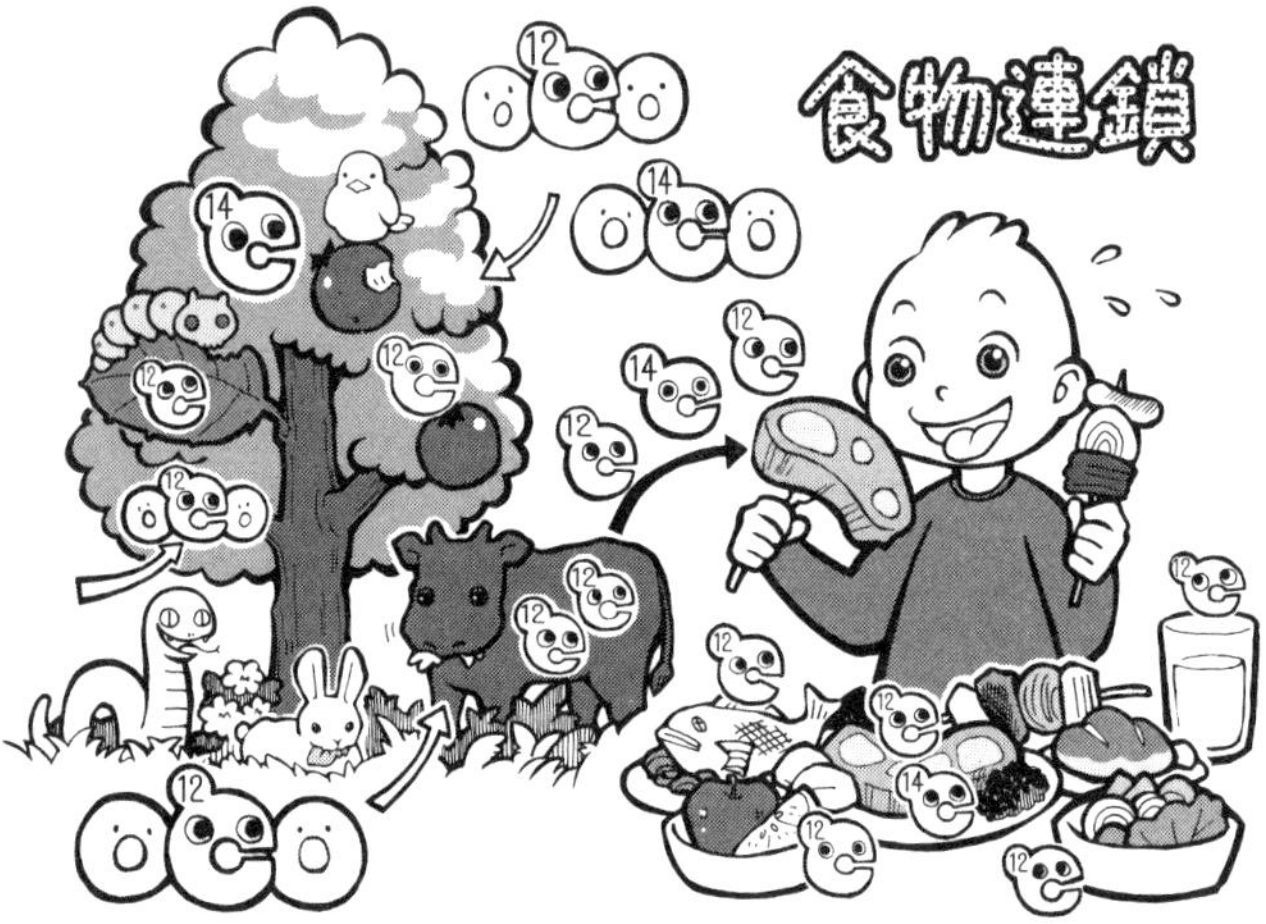

炭素は，植物連鎖に従ってほかの動物に取り込まれていきます。

生物が炭素を取り込まなくなると，炭素14だけが規則的に減っていきます。

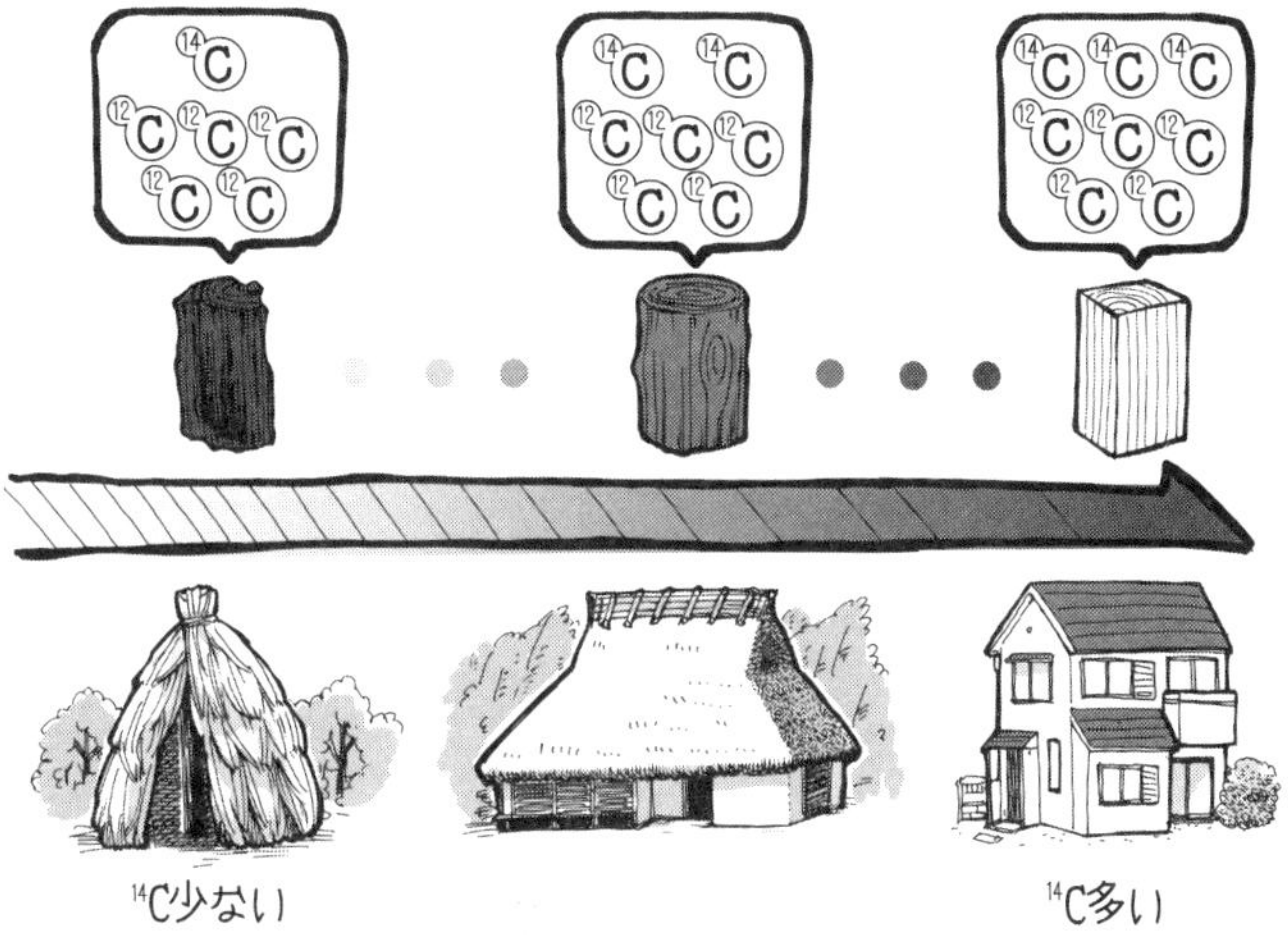

炭素14は，時間のたった古いものほど少なくなっています。

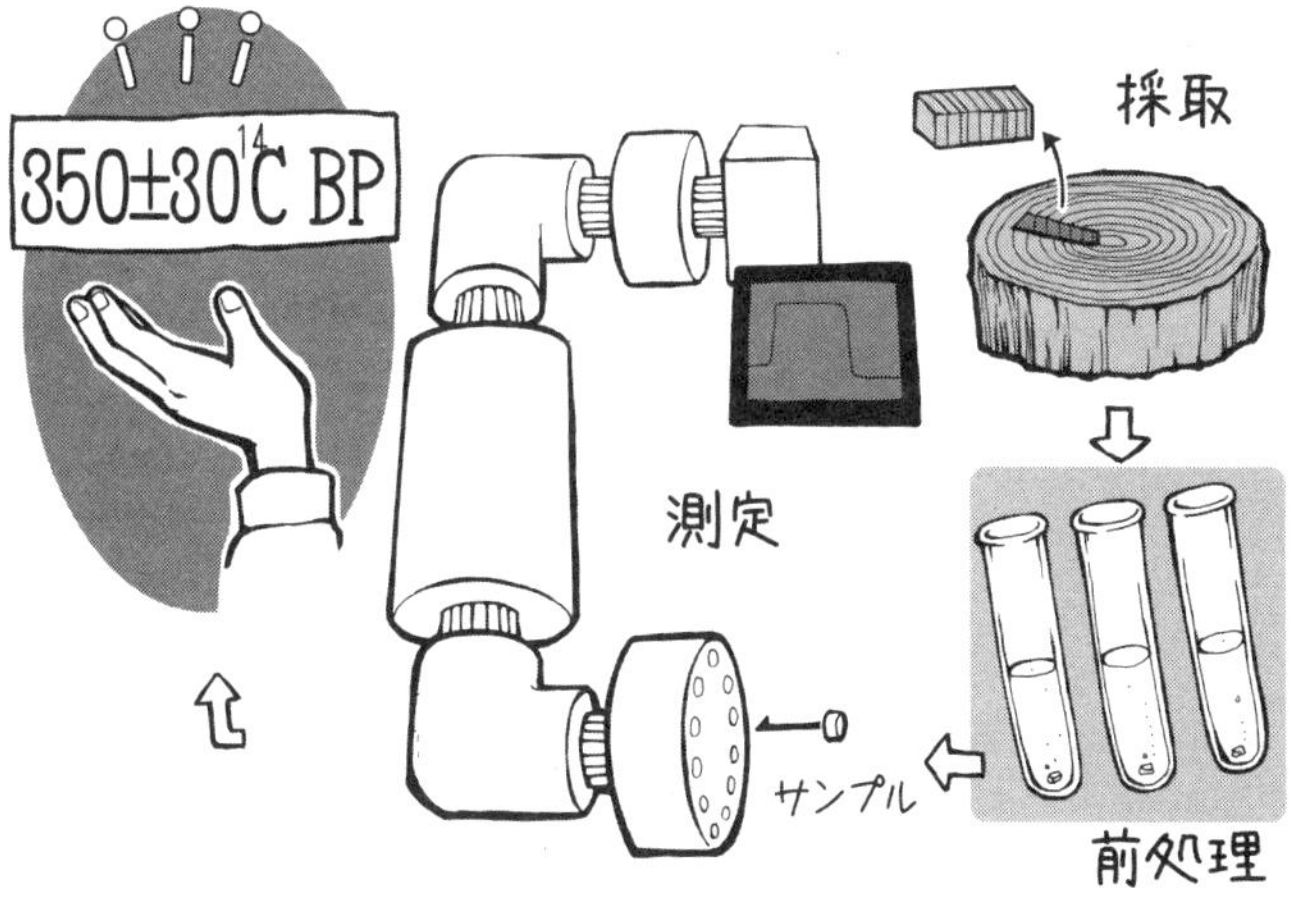

試料を前処理して加速器質量分析計で測定し，炭素14の量を測ります。

2　古民家部材のはかり方

坂本　稔

(1)　歴史学と炭素14年代法

前章で述べた通り、共同で年代研究を進めていく中で課題となる部分が、だんだん明らかになってきました。本章では「古民家部材のはかり方」として、それを紹介しながら話を進めていきたいと思います。

ご承知のように、歴博は考古時代の研究に炭素14年代法を応用してきましたが、こと歴史時代に関してはどうでしょう。歴史時代には何より、年代の書かれた文献が残っています。これを見れば、わざわざ測る必要はありません。ものによってはその記録がないこともありますが、時代が下れば参考になる史料が増えてくるので、こういったものと比較することができます。ただし、特に民家建築などがそうなのですが、それほど事例のない場合もあります。

もう一つ、時代が下ってくるとやはり、より精密な年代が求められます。炭素14年代法ですとどうしても「プラスマイナス何年」という形でしか結果をお示しできません。それでは困る、「何年」という数値で決めてほしいというお話を時々受けます。ただ、一年単位で測定することは確かに難しいのですが、数十年というスケールが明らかになるだけでも、いろいろなことが議論できるようになるはずです。

(2)　炭素14年代法の原理

ここで炭素14年代法の原理についてご説明させていただきます。炭素14の「14」という数字は、炭素の原子核に含まれている「陽子」と「中性子」という粒子の数を足したものです。六個・六個の場合はこれが「12」になります。炭素14は陽子が六個、中性子が八個という原子核の構造を持つ、放射性同位体と呼ばれるものです。炭素14には、β線という放射線を出しながら規則正しく壊れていくという性質があります。この性質を使うのが「炭素14年代法」です。

炭素14は、だいたい五七〇〇年たつと半分になることが分かっています。もう五七〇〇年たつと元あった量の四分の一、さらに五七〇〇年たつと八分の一というようにどんどん減っていきます。これがちょうど人間の営みと言いましょうか、考古時代の研究を進める上で非常に都合のいいスケールです。今回はご紹介しませんが、科学的な年代測定法は他にもあります。ただ、なかなかこのスケールに見合う方法がないので、主に炭素14年代法が使われています。

炭素は必ず生物に含まれています。皆さんの体にも、お召しになっている服にも含まれています。ですから、炭素14年代法は様々なものを測ることができます。これは大きなメリットだと思います。

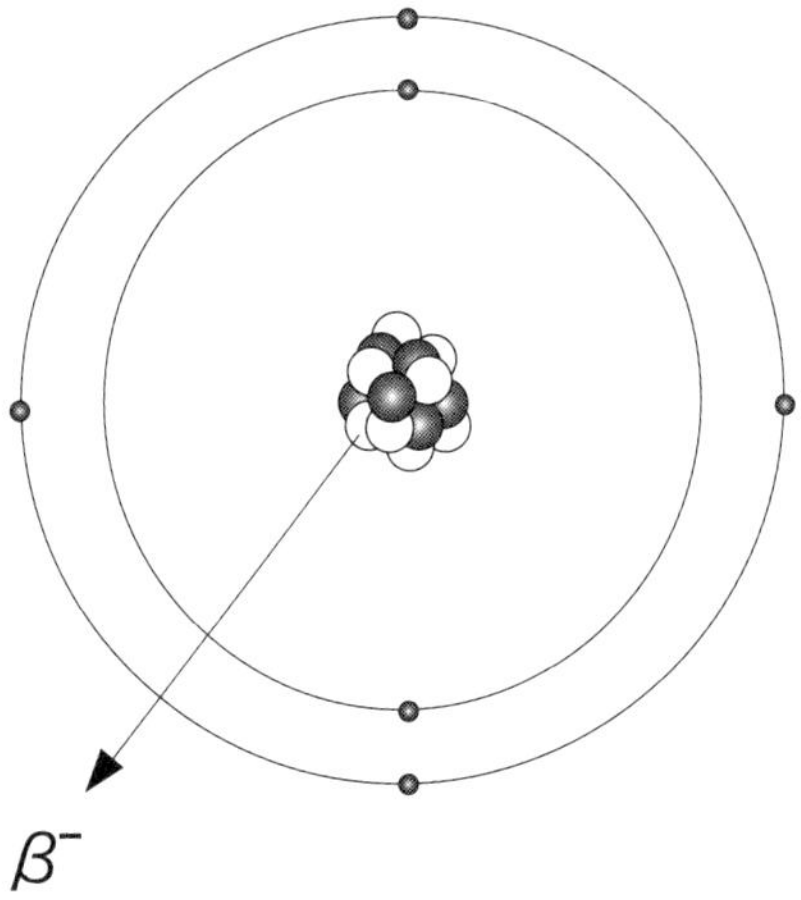

図4　炭素14の原子構造

元素の性質は原子核の周辺を回る電子の数で決まる。原子核には，電子と同数の陽子と，電気的に中性な中性子が含まれる。中性子の数が違っても，元素の性質はかわらない。

具体的には、樹木、植物、動物や、そういったものを材料にしたもの、紙や、木造の建造物、その年代も炭素14年代法で明らかにできるわけです。

炭素14は、大気中にたくさん含まれている窒素から作られます。地球には宇宙のはるかかなたから「銀河宇宙線」という強力な放射線が降り注いでいて、大気圏の上の方で、その作用によって窒素が炭素14になります。炭素14はそのままでは存在できないので、酸素と結びついて二酸化炭素として大気中に拡散します。大気には炭素12や炭素13からなる二酸化炭素もたくさん含まれていますが、これらは壊れてなくなっていくことのない安定した炭素です。

大気中に拡散した二酸化炭素は、まず植物が自分たちの体を作るために、光合成という作用で取り込まれます。宇宙線で生成した炭素14も取り込まれていきます。生物は生きている限り外界から炭素を取り込むことができますから、基本的に炭素14の量は外界の値と一緒ですが、木材の場合は事情が異なります。木材は一年に一枚ずつ年輪を作っていきますが、いちばん外側の年輪だけにその年の炭素が取り込まれることになります。つまり木としては全然元気なのですが、内側の年輪には新しい炭素が入ってこない、いわば死んだ状態にあります。そうなると、炭素14は放射線、β線を出しながらどんどん減っていき、窒素に変わっていくわけです。

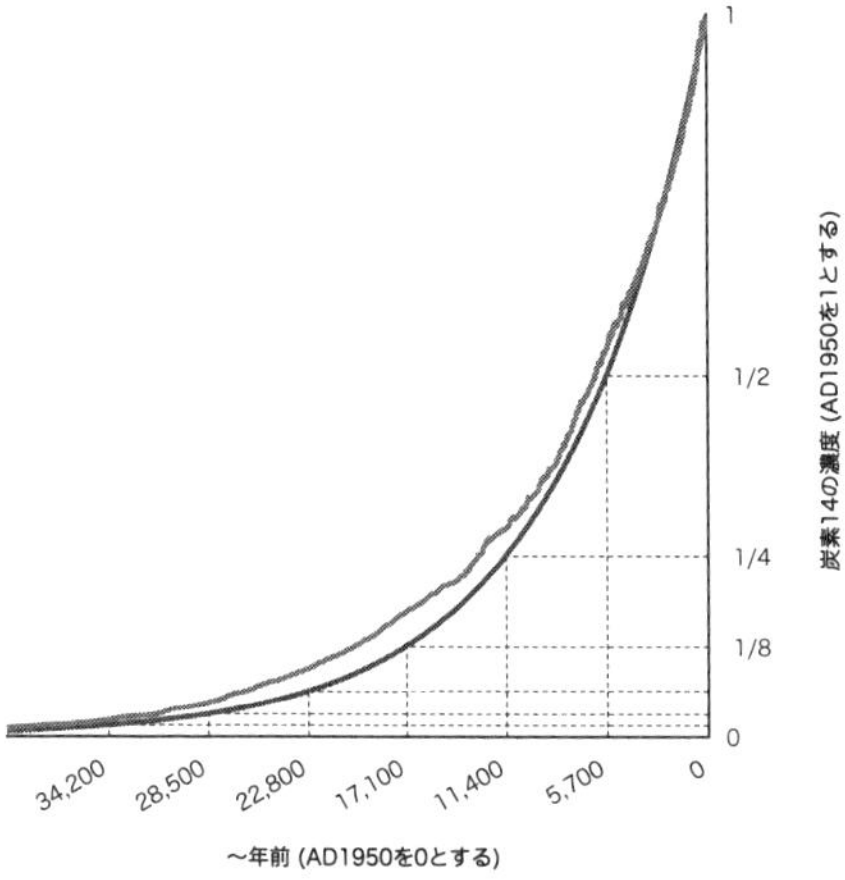

図５　炭素14の減少の様子

半減期に基づけば5700年ごとに半減するが，実際は初期値である大気中の炭素14濃度が変動していたので，細かい変動を示しながら減少する。

グラフのように、炭素14の減っていくスピードは規則的ですので、最初の量が分かっていれば残っている炭素14の量から年代は簡単に計算できるのですが、なかなかそうはうまく行きません。というのも、宇宙線の強さが変動しているのです。強くなったり、弱くなったりして、それに伴い炭素14の量が増えたり減ったりしています。ですから実際には、線で示したように理論的な値から外れてきます。五七〇〇年という半減期だけでは年代を計算できないのです。

(3)　較正曲線と炭素14‐ウィグルマッチ法

そこで、精密な年代を炭素14年代法で得るために「較正」という操作を行います。時々実際の年代と混同されることがあるのですが、「炭素14年代」は炭素14の濃度から、半減期を用いたら何年前に相当するかを計算した仮想的な値です。実際の年代とは異なっています。では、その実際の年代の判明した試料、「西暦何年」「紀元前何年」と分かっている試料の炭素14年代をたくさん測りましょう。順番に測っていくと、実際の年代と炭素14年代の関係はグラフのように示すことができます。このグラフを「較正曲線」といい、炭素14年代を実際の年代に直すためのデータセットとして用いられます。

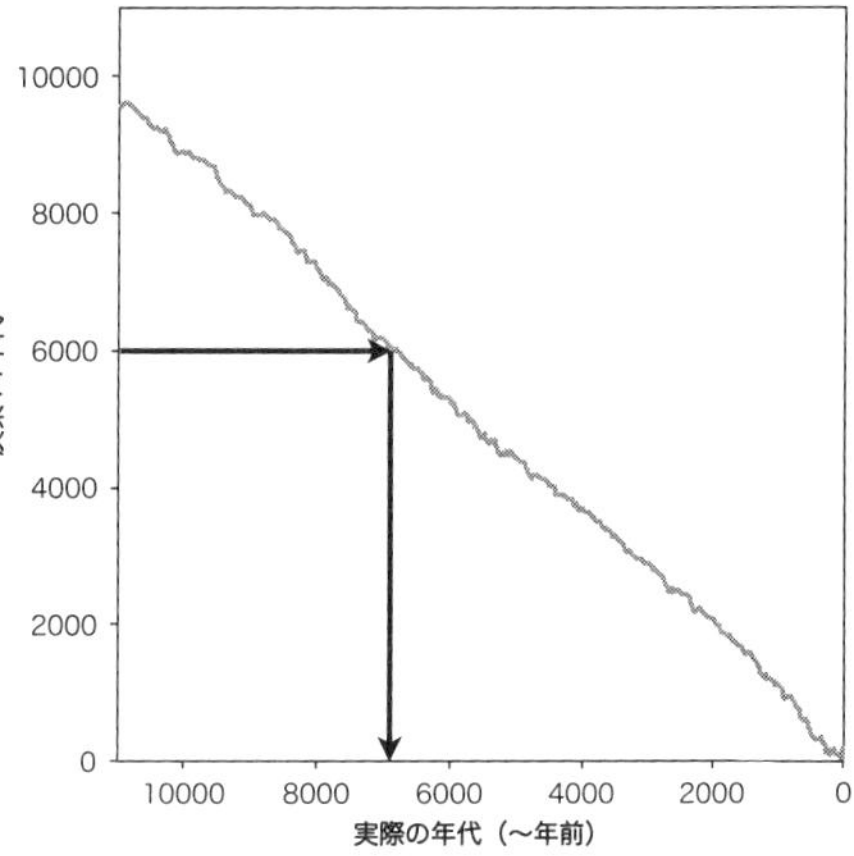

図6　較正年代の求め方

測定で得られるのは縦軸の炭素14年代。較正曲線と交わる点をグラフ上で読み取り，横軸の暦上の年代に落とす。

では、未知試料の実際の年代は何年なのか。測定の結果、例えば六〇〇〇という炭素14年代が出たとしてます。横方向にのばしてグラフとぶつかるあたりを落としてみると、六八〇〇年ぐらいでしょうか、その辺りに落ち着きます。この試料は今から七〇〇〇年ほど前のものだということが分かり、得られた年代を「較正年代」と呼びます。このような操作をしていけばいいのですが、厄介なことに大気中の炭素14濃度は変動しています。較正曲線を拡大していくと、でこぼこが目立つようになります。まさに民家研究に必要な中世、近世にもでこぼこした時期が見られます。この状況で、例えば一五〇という炭素14年代が得られたとしても、実際の年代はいろいろな可能性が出てきます。グラフ上では様々なところにぶつかり、いつのことかさっぱり分からなくなってしまいます。

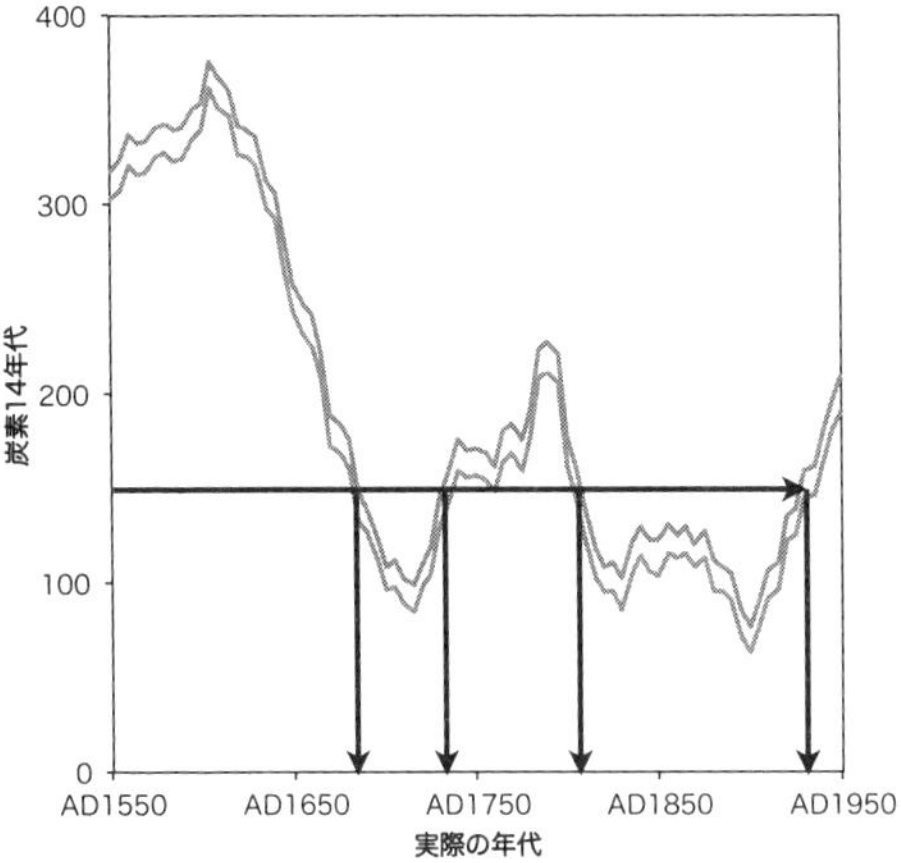

図7　較正年代を決めにくい例

較正曲線には凹凸があり，暦上の年代が違っていても同じ炭素14年代を示す可能性がある。

実際はこんな乱暴な計算ではなく、統計学を取り入れた確率の計算を行いながら較正年代を導いていきます。得られる結果は、例えば西暦一六五〇年前後の試料の炭素14年代を測ると、その炭素14年代は二〇〇いくつだろうということを示すものです。禅問答のようで申し訳ありませんが、例えば西暦一七五〇年の試料を測っ

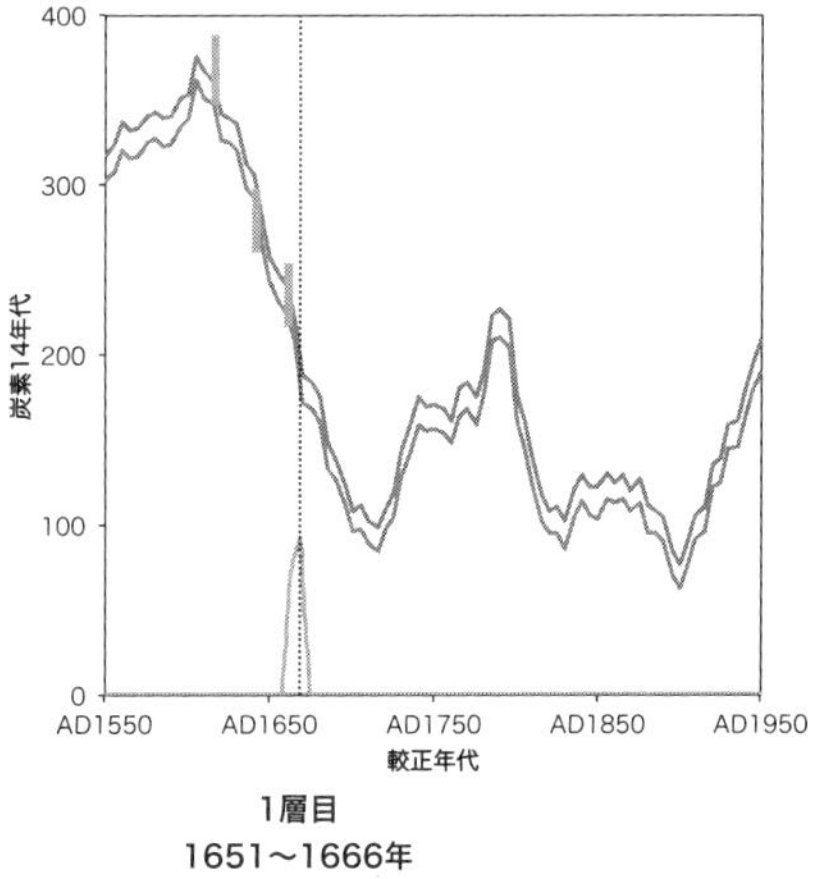

図8　炭素14-ウィグルマッチ法の一例

年輪数のわかった木材年輪の炭素14年代を測定し，較正曲線のウィグルと照合する。この例では，3点の測定で較正年代を十数年の幅まで絞り込むことができた。

ても二〇〇いくつという炭素14年代にはならない、一方で西暦一八〇〇年前後の試料を測ると二〇〇いくつという炭素14年代が得られるかも知れません。いずれにしても、これをどちらかに決めることは自然科学的な方法ではできません。どちらの可能性もあるとしか申し上げられないのです。

それにしても、もう少し絞り込みができないだろうか、ということで用いられるのが、「炭素14－ウィグルマッチ法」と呼ばれる方法です。ウィグル（wiggle）というのは、較正曲線がでこぼこした部分、ジグザグした部分を表現する英語です。このパターンマッチングを行おうということです。

樹木年輪を、例えば外側から一枚ずつ丹念に数えていき、六層目から一〇層目、二六層目から三〇層目、五一層から五五層目といった測定を重ねていきます。この一連の結果が、較正曲線に対してどの位置にくるかをマッチさせせます。グラフ中の点線は一番外側の年輪ですが、これを西暦一八〇〇年前後にあわせても他の結果が全く外れてしまいます。三点のパターンを較正曲線に対して一番良くあわせると、西暦一六五一年から一六六六年という非常に狭い範囲に絞り込むことができます。この方法を使って、較正年代の精度を高めることができます。

(4)　建築部材への応用

本書カバー写真の建築部材は、今回のフォーラムのポスターにも使われたものです。建築部材が横たわっているポスターは、斬新なデザインだったかと思います。よく見ると、この部分に何か彫刻刀で削ったような跡があります。

これは国営常陸海浜公園に復原移築されている、旧土肥家の隠居屋住宅に用いられていた敷居です。復原工事が行われる過程でこの年代を測定することになり、敷居の見え隠れ部分から試料を採取させていただくことができました。採取したのは六から一〇層目、一一から一五層目、一六から二〇層目、二一から二五層目です。外側の一から五層目は敷居の面にあるはずです。採取した部分は修理工事の際にくみ合わさって隠れてしまいますので、彫刻刀を入れた部分は見えなくなります。「破壊分析」という話もあり、この写真をお見せすると「ずいぶん削りますね」という反応もありましたし、「これくらいで済むの」という反応もありました。私自身は建築の専門家ではないので、あまり躊躇せず彫刻刀をたててしまうのですが、やはり建築の現場の方とよく相談の上、納得していただく必要がありま

図9　旧土肥家隠居屋住宅の敷居

測定試料は彫刻刀を用い，組み合わさって隠れる部分など，なるべく目立たない場所から採取する。

す。

　この四点の試料を用いて、炭素14-ウィグルマッチ法を実施することになりました。結論から言うと、実はこれはあまりうまく行かなかった例になります。測定値を一七世紀末あたりに置いても、一九世紀の前半に置いても、マッチするように見えます。これはあくまでも統計に基づく確率計算で導かれた結果ですが、可能性が二つ出てしまいました。これは困ったということになりましたが、この隠居屋住宅では柱のほぞに「宝永三年」という墨書が残っていました。西暦一七〇六年になります。この建物自体、建築史的には一九世紀の可能性は低いと指摘されていました。このような事実を総合すると、おそらく一九世紀という可能性はなく、一七世紀末としていいのではないかと考えられます。

　ご紹介したように、炭素14-ウィグルマッチ法は高い精度で年代を絞り込むことができます。これが可能になった背景には、最近ではだいぶなじみのある言葉になったと思われる「加速器質量分析法

（ＡＭＳ）」が普及したことが大きなポイントになると思います。加速器質量分析計を用いて炭素14年代測定を行うと、試料の量が非常に少なくて済みます。測定も短時間で済み、しかもその精度が良くなっています。年輪という微小な試料をたくさん測るには都合のいい方法です。

ただし残念ながら、炭素14‐ウィグルマッチ法は試料の種類が限られます。樹木年輪でないと基本的に使えません。また、高い精度を得るためには測定を数多く実施する必要があります。二点を測定するよりは三点、三点測るよりは四点と、測定数を増やしていけばパターンマッチングがより良好に行えるようになります。そうなると問題になるのはお金の問題です。測定費用は一測定あたりの金額です。炭素14‐ウィグルマッチ法の場合は何点測定しても、その木材一本の年代しか得られません。コストパフォーマンスを考えると、やみくもにたくさん測ればいいというものではないでしょう。

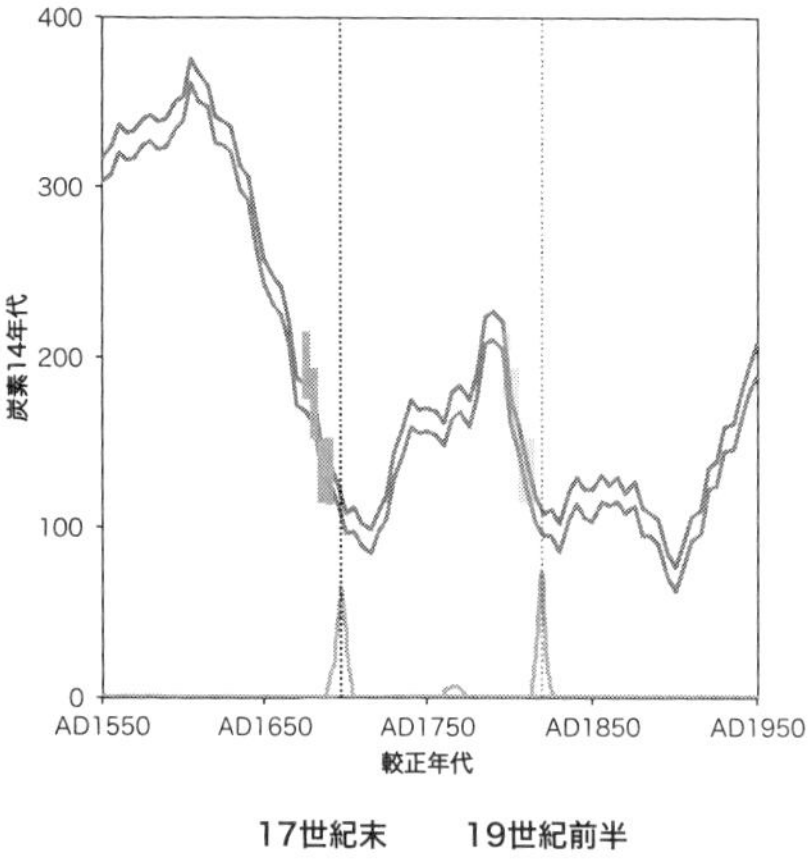

図10　炭素14-ウィグルマッチ法による旧土肥家隠居屋住宅の敷居の年代測定

主に２つの可能性が示されたが，隠居屋住宅の柱には宝永３年の墨書があり，17世紀末の年代が支持される。

(5) 建築部材の汚染

炭素14年代測定を行う前に、試料は前処理を行って含まれている汚染を取り除きます。考古資料の場合、長時間埋もれていたことから、土から様々な汚染物質が入ってくる可能性があります。それを取り除く方法として一般的に行われているのが、酸・アルカリ・酸処理です。塩酸や水酸化ナトリウム溶液といった薬品を使い、土壌から入ってきた汚染を溶かしだし、きれいにしていく操作を行います。

建築部材のような新しい時期の試料もこういった操作を一通り行うのですが、当初の見込みとして、部材は基本的に埋もれていない地上にあるので汚染は案外少ないのではないか、簡単に洗浄すれば大丈夫だろうという気持ちでいました。ところが測定を重ねていくうちに、どうも深刻な問題、古民家の建築部材特有の「汚染」がだんだん明らかになってきました。

先ほどは旧土肥家の隠居屋ですが、今度は本家の測定です。梁を炭素14‐ウィグルマッチ法で年代測定しようと四ヵ所測ったのですが、これがまた全く合わない。較正曲線と比較すると、例えば西暦一三〇〇年前後に合う可能性があるのですが、建築史学的に全く合いません。このような年代が出るはずはなく、先ほどお見せした一七世紀あたりの年代が出なければいけないのに、出ない。

これはどうしたことかと試料を顕微鏡で確認したところ、何か黒いタール状のものが詰まっていました。これを取り除くために、有機溶媒というタール状のものを溶かしだす薬品を使って処理したところ、その値が非常にいい結果を導きました。旧土肥家本家に関しては当初材といわれる試料を何点か測っているのですが、その年代である一七世紀あたりに合致する結果となりました。つまり、先ほど古い年代を与えてしまったのは、タール状物質の影響であることが分かったのです。

建築部材には、予想もしないような汚染が残っている可能性のあることが分かりました。住居として使われていましたから、煮炊きをしたときのかまどのすすや、日常使いで触ったりして、さまざまな汚れがついたりするかも知れません。つやを出そうとワックスを塗り込むかも知れません。そういったものは、みんな汚染となって残ります。また、民家は修理工事を行って復原していくのですが、その際部材が傷まないように防腐剤をまいたり、接着剤で止めたり、あるいはこの材は貴重だからと保存処理を行うことがあります。こういった薬品は石油に由来することが多いのですが、石油は死滅炭素（dead carbon）といって、炭素14が全く含まれていません。こういったものが試料に混ざると相対的に炭素14の濃度が下がり、結果として古い年代を与えてしまう。これが特に部材に顕著に現れることが分かってきました。

それを防ぐ対策として、汚染箇所をなるべく避けることが大事になってきます。先ほどお話ししたように、こういったタール状の物質を除く薬品があるので、それを使った超音波洗浄を行うことで改善することはあります。ただし、保存処理のように樹脂でガチガチに固めてしまったものはなかなか除去が難しく、今後の検討課題です。

(6)　部材の年代が示すもの

以上のような手続きを経て年代を測っていくわけですが、そもそも建築部材の年代は一体何の年代なのだろうという話になります。樹木を伐採し、それが建築に用いられます。伐採年は樹皮直下の、一番外側の年輪の年代になりますが、柱を切り出した場合、その部分が必ずしも部材に含まれているとは限りません。部材を調査するとき、まず「ノタ」という、表皮をはいだ部分が残っていないかを探します。これが残っていれば、伐採した年代を示す可能性があるわけです。また木材には、「心材」という赤い部分と、「辺材」という周辺の白い部分があります。辺材は表面に近い部分で、これが確認できれば伐採年にかなり近い値を出すことが期待されます。

一方で辺材の見当たらない心材の場合は、残念ながら外側にどのくらい年輪数を見積もればいいのか分かりません。しかしさまざまな民家の部材を調査するなかで、外側はそれほど年輪数が多くないのではないか、もちろん試料にもよりますが、年輪幅が広い材が多く、全体の年輪数も少なそうだということが分かってきました。もちろん慎重に議論しなければいけないのですが、数十年もさかのぼらせる必要はないだろうと思っています。

何よりも、こういった部材が建築年代とどういう関係にあるかを、常に議論しなければなりません。

当初材という、建物を建てるときに使われた材であれば、これは建築年代を示すといっていいでしょう。ただ、前身の建物からの転用など、さまざまな理由でこの建物よりも古い材が使われた場合、当然建築年代よりも古い年代を示すことがあり得ます。また一方で、建物は修理を行います。根継ぎといって、柱の根元が腐ってくると建物が持ちませんので、その部分を切り取って別の材を継ぎ足すことが行われます。そういった材は建築年代と異なる年代を示すことでしょう。

したがって、築何年かということを明らかにするには、実は自然科学的な年代研究だけでは不十分で、必ず建築史学と共同作業を行っていかなければいけない。なによりも適切な部材、これを選ばなければなりません。私は民家、あるいは建築の専門家ではありませんので、そういったことを分からずに試料を採ってしまいますが、やはり当初材を、建築史学的な研究に基づいて選択する必要があります。その際には、修理工事の現場と連携することが大事です。余談になりますが、建物が建ち上がってしまうと、試料を採取するのはなかなか大変です。部材の状態、できれば解体されている現場から採取させていただければありがたい。

適切な前処理の方法、測定の高精度化、炭素14‐ウィグルマッチ法による年代の絞り込みという過程を経た上で、測定結果をどう考えましょう。当然、結果を示すだけではなく、部材が持っているところの情報を全て比較した上で、必要に応じて文献や事例研究などを組み合わせ、解釈していく必要があります。建物をどのような形で復原するかに、こういった築何年、何年前の建物であるかといった情報も活かされていくわけです。この方法論は、考古学と全く一緒なのです。炭素14年代法だけでこれをひも解くことはできません。歴史学、建築史学と協力して初めて大きな成果を導くことができるのです。

コラム

日本におけるAMS研究事始め

今村峯雄

現在、年代測定に用いられる炭素14（^{14}C）測定は、ほとんどが「加速器質量分析（AMS）」によって行われている。AMSが専門分野以外でよく知られるようになったのは、日本では二一世紀に入ってからである。世界的には、一九八七年にAMSを利用して「トリノの聖骸布」の年代測定がなされたことが報道され話題を呼んだ(1)。

日本でAMSの研究が始まったのは、世界でもかなり早い段階である。初期のAMS開発研究に深く関わってきた一人として当時の研究状況を概略的に振り返ってみる。

AMSのための施設は加速器を使うため、新しい装置を導入すれば何億も要する高額な装置であった。東京大学の開発研究グループ(2)は、原子核物理研究で使われてきた既存の東芝製タンデム・ヴァンデグラーフ加速器に改造を加える方法を選んだ。AMSのための設備増強・増設を科研費でやりくりできる範囲内で行った。七九年に準備研究、八〇年から、三年間の本計画を科研費の計画としてスタートした。研究は順調に進み八二年五月に最初のベリリウム10（^{10}Be）の測定に成功した(3)。

しかし、八三年二月に地震のために加速器が破損するアクシデントに見舞われた。二年余の研究中断を挟んで加速器が復活、八五年に^{10}Be測定再開、さらに同年^{14}C測定、八六年にアルミニウム26（^{26}Al）測定を開始しほぼ定常的な測定が可能になった。

この間、名古屋大学では故中井信之先生によりアイソトープセンター内に^{14}C測定専用の装置が導入され一九八三年秋から中村俊夫氏が中心となって測定を開始している。[4] 装置は米国のジェネラル・アイオネックス社の開発によるタンデトロン加速器質量分析計二号機であった。

筆者らがAMS研究を始めるきっかけは、七七年にサイエンス誌に発表されたR・ムラーによる論文であった。〝サイクロトロンによる放射性炭素年代測定〟（日本語訳）という題目が与えられていた。当時、^{14}Cのような微量の放射性核種の検出は放射線測定にたよるほかないと誰もが考えていた。W・リビーによる炭素14年代法の発明以来^{14}Cはその放出放射線を測定することによって検出されてきた。この論文は、放射線ではなく加速器を使って加速した^{14}Cを直接検出器で測定することによって、遥かに感度よく微量の^{14}Cを測定できることを強調していた。当時東京大学原子核研究所に在職していた筆者は、宇宙線と宇宙物質の相互作用で生成する核反応生成核種に関する研究を行っていた。この新しい測定方法は、^{14}C以外にもさまざまな放射性核種に適用されることが予想された。しかも世界でもまだ端緒についたばかりで、その先には開拓すべき荒野が広がっていた。

計画の実現には周囲の援助と多くの方の協力が必要であった。宇宙物質研究の大御所であった故長谷川博一先生（京都大学）と故本田雅健先生（東京大学）が大型科研費の一課題として組み込んでくださり、計画の実行が可能となった。八三年二月の地震による被害では、修復費用を東京大学本部から供出していただいた。

東京大学では、高性能の加速器（米国・ＮＥＣ社製）を九一〜九三年に導入し、一号機の経験を生かしたＡＭＳ測定性能の高度化が図られた。現在のＡＭＳの性能は、われわれが東大タンデムでＡＭＳ測定に成功した頃より、測定効率で二桁以上よくなっている。当時よりも小試料で、高出力のビームを発生させることができ、測定はほぼ全自動で行われる。八〇年代、我々は標準試料も含めて、一二試料を五日かけて測定した。測定は手動で、装置との格闘であった。その中で、八二年五月に研究仲間とともに^{10}Be－ＡＭＳ実験成功を喜び合った一瞬は、これまでの研究生活でもとりわけ感激深い記憶の一コマであった。

注

（1）一二六〇年代から一三〇〇年代初頭の年代が得られ、後世の遺物であることが判明した。

（2）一九八四年より東京大学ＡＭＳ施設の責任者として指揮を執った小林紘一氏は主要メンバーの一人で、東京大学退官後民間のＡＭＳ施設を立ち上げた。

（3）M. Imamura et al.（1984）Nuclear Instruments and Methods in Physics Research B5, 211-214.

（4）N. Nakai et al.（1984）Nuclear Instruments and Methods in Physics Research B5, 171-174.

Ⅱ　年代研究への応用

1　民家編年と測定年代——宮島・鞆の浦の町家——

藤田盟児

前章まで^{14}C年代法の理論、あるいは試料採取と分析方法について述べてきましたが、本章では、それを実際に町あるいは建物に使うと、いったい何が起きるのかについて解説します。

(1)　厳島門前町

まずは、皆さんがよくご存じの厳島神社《いつくしまじんじゃ》のある宮島《みやじま》です。宮島は、厳島神社の周りを取り囲んでいる社家町がある西町と、港に近いところにある商業港湾都市である東町の二つで、大きくは構成されています。図11が、その東町で、地形に沿った道が走っています。この辺りがいちばん古くからの商業繁華街だったところです。

平成十八年と十九年に、町並み保存調査の一部を担当させていただきました。図12が、その調査報告書に掲載した結果で、(1)、江戸時代の建物が写真で見ていただいた東町の町家通りに沿っ

図11　塔之岡からみた東町

てポツポツと残っています。厳島神社がある西町にも若干残っています。

しかし、現在は残存状態が非常に悪くなっており、とくに西町は、社家町といって厳島神社の神官とそれに関係する人たちが多く住んでいた町でしたので、明治維新以後、一気に衰退し、多くの屋敷地が別荘地などに売り払われ、そのため図13のように大正から昭和初期の建物が非常に多いという状態になりました。商業町だった東町のほうがバランスよく残っていますが、それでも両方を合わせて四〇数棟ぐらいしか、江戸時代の町家（都市住宅）は残っていません。

厳島神社の門前町というのは、実は大変古い町です。いろいろな説があり、いまだにはっきりしないことが多いのですが、図14は海北友雪という江戸時代の初めに活躍した絵師が、一六三〇年ごろに描いた絵です。

その約四〇年後に、これも大変に有名な絵師ですが、松本山雪の描いた門前町の様子が図15です。厳島神社と東町の町並みが克明に描かれており、東町の海岸部には石垣が組まれ、船が泊まっています。振り返って、その四〇年前に描かれた海北友雪の絵を見ると、海岸のところに石垣がなく、図は白黒になっていますが、海の中に朱塗りの垣がたくさん立っています。とても不思議な絵なのですが、要するに江戸時代の初めは、われわれがよく見る海岸に石垣を積んだ近世の港湾都市は生まれておらず、それ以前の中世の港町の様子が残っていたということだと思われます。

次に一七五〇年ごろと一八五〇年ごろの絵（図16と17）を見てもらいます。大変な名所ですので、

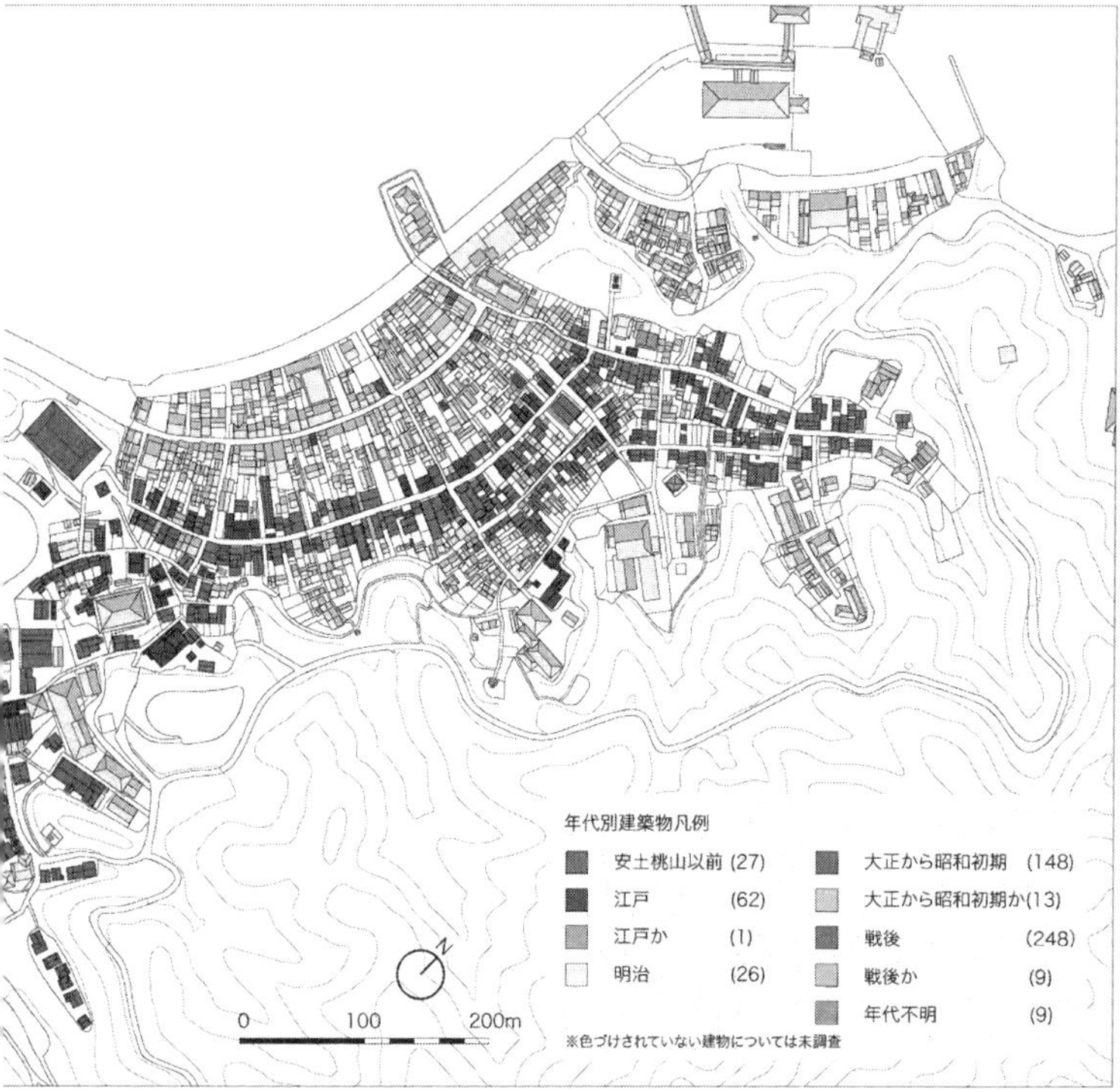

図12　厳島神社門前町の年代別建物分布図

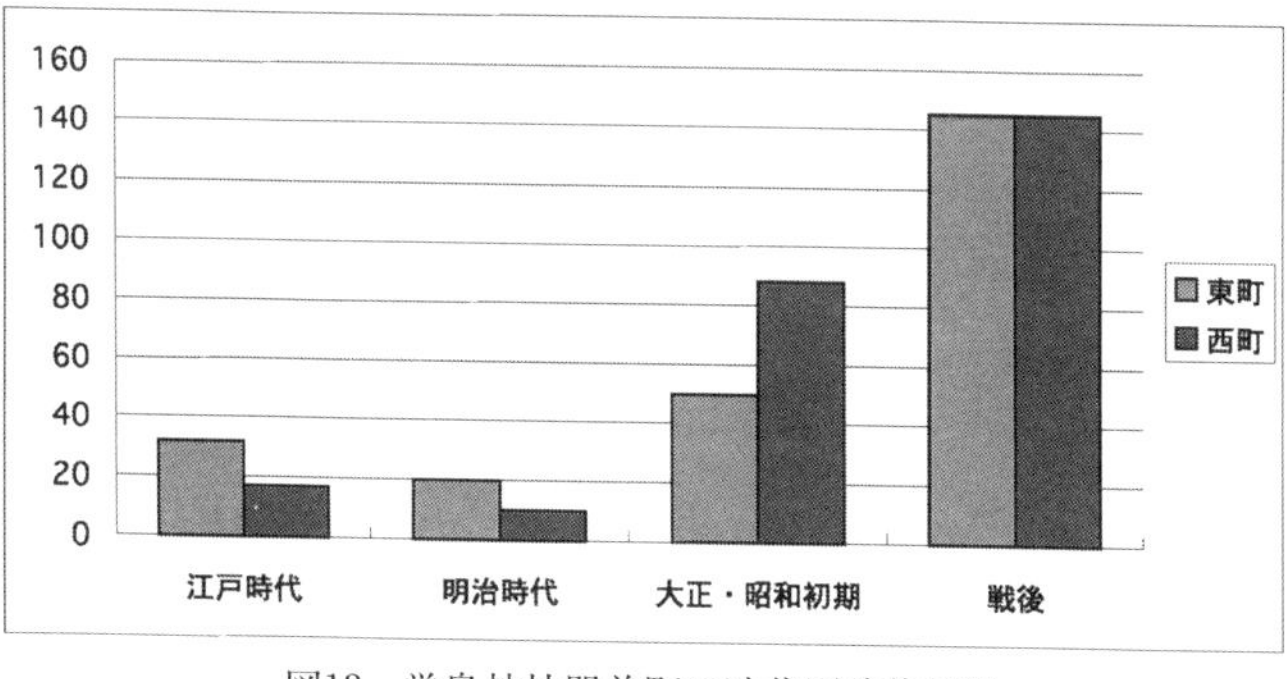

図13　厳島神社門前町の時代別建物棟数

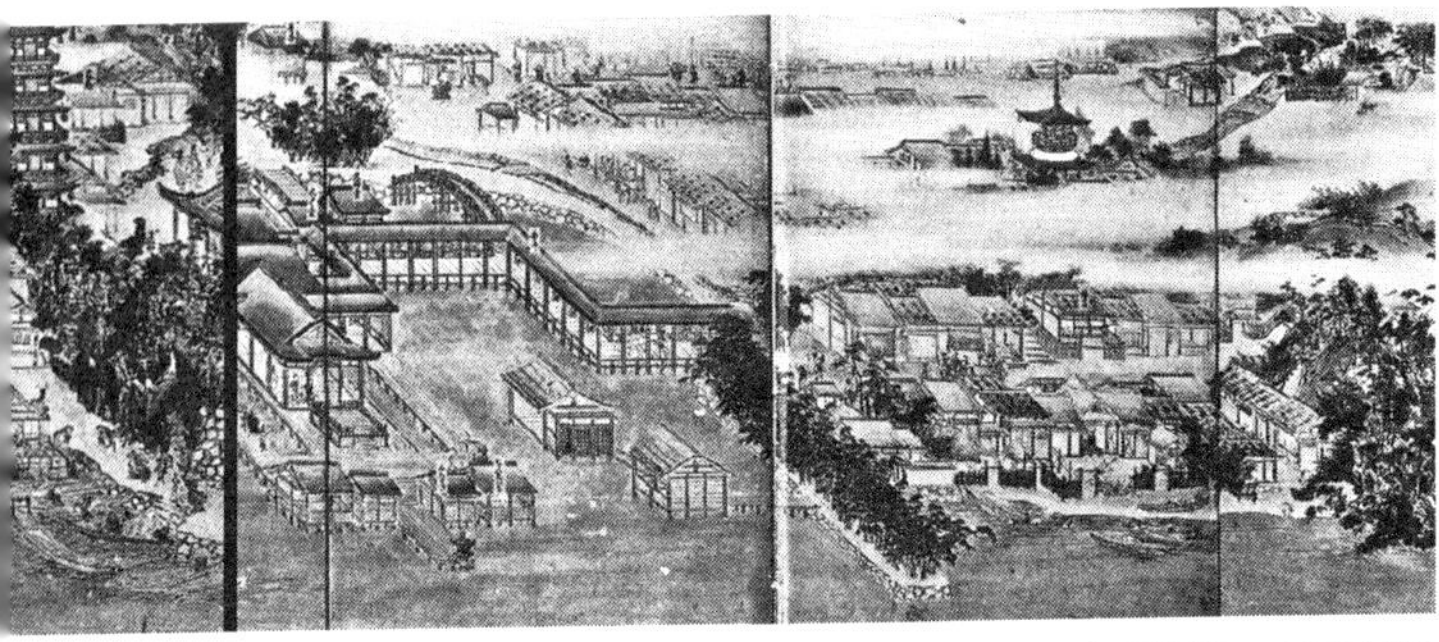

図14　海北友雪「厳島図屛風」(部分), 1630年頃

図15　松本山雪「厳島図屛風」(部分), 東京国立博物館蔵, 1670年頃

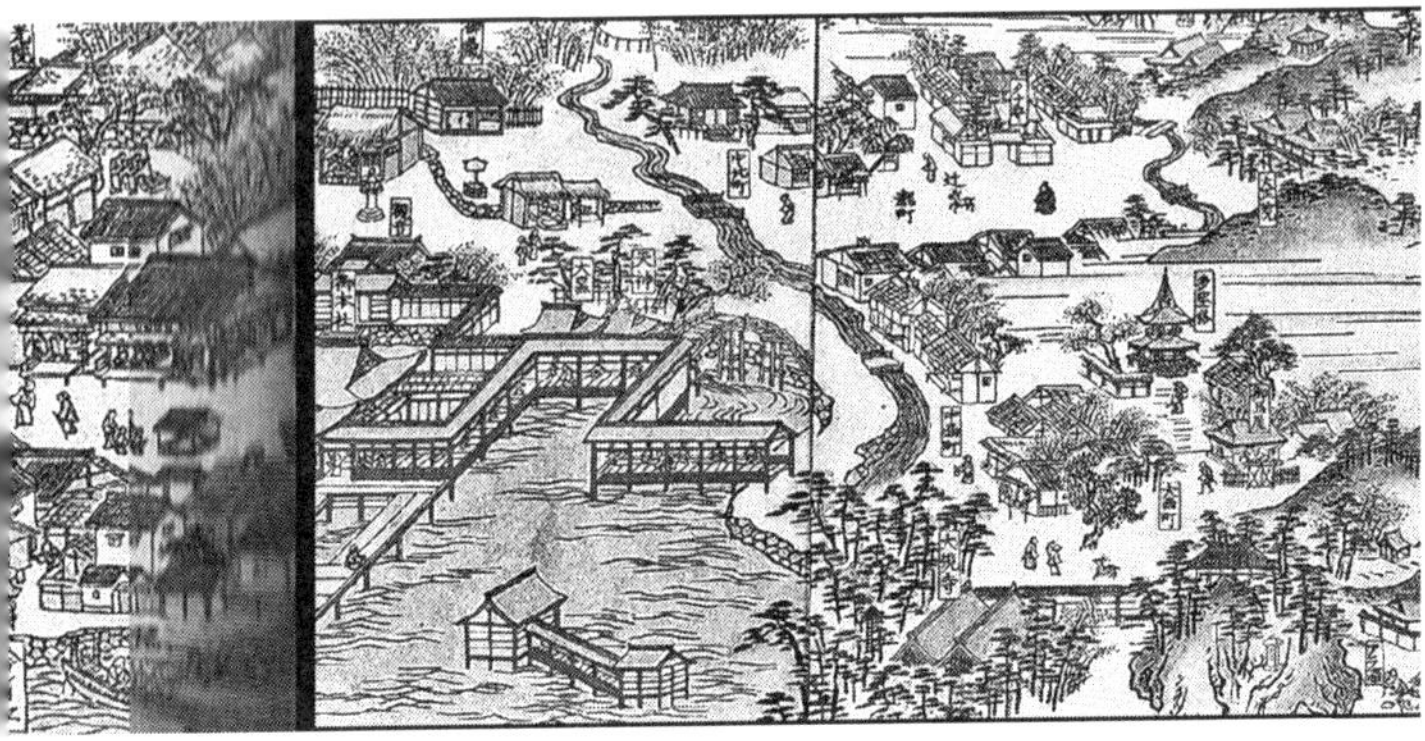

図16　貝原益軒編「安芸厳島図」(部分)，1750年頃

図17　「芸州厳島図会」(左：東町，右：中間谷)，1850年

小浦
北町
濱町

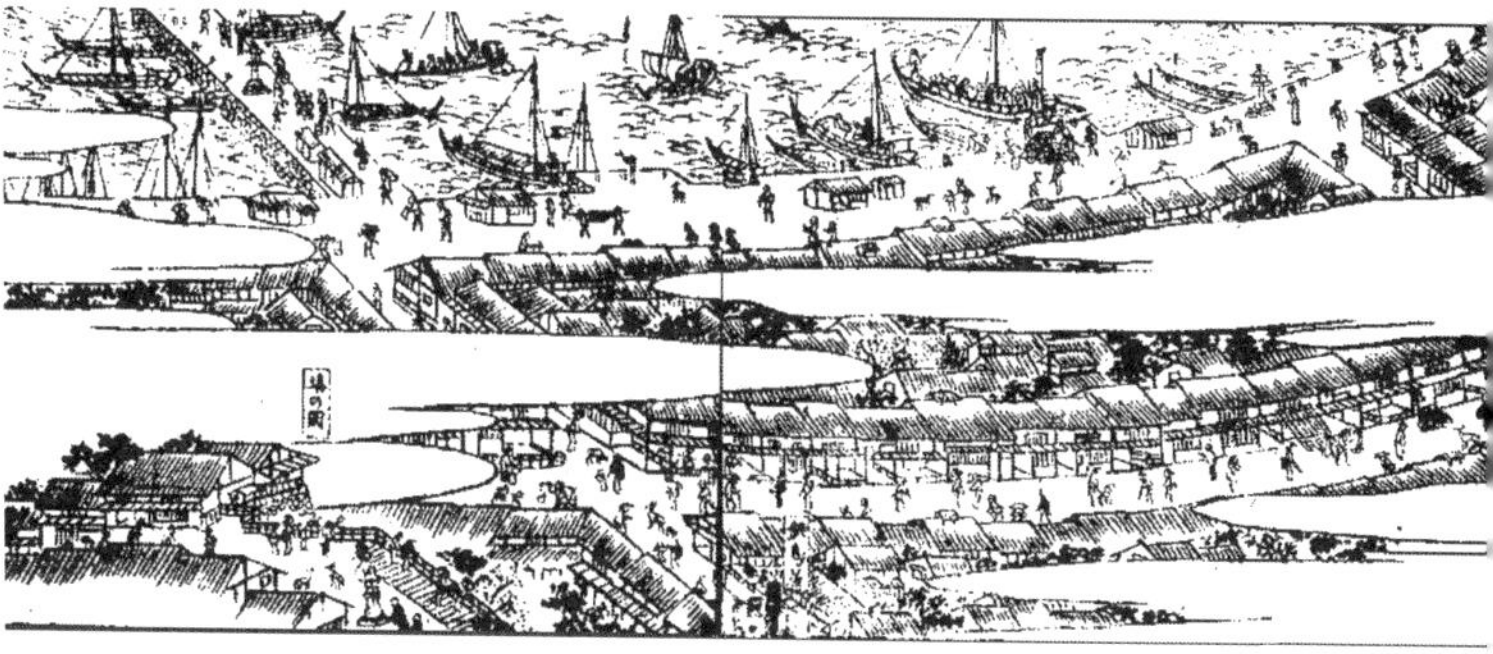

絵図史料は数多くあります。こうして絵図史料を追いかけますと、町家が柿葺から桟瓦葺へと変わっていったことなどが見えてきます。

(2) 吹き抜けになったオウエ

しかし、こうした絵や文献ではわからないものを調べるのが建築史家の仕事です。では、建築を見ていくと何がわかるのかということですが、まず宮島の代表的な町家の一つである吉田家（図18）を見てもらいます。中に入ると、表側がミセという部屋で、次がオウエという部屋、さらに奥に行くと裏庭に面した座敷があります。町家には非常に多い一列三室型のタイプです。

その真ん中のオウエという名前の部屋（図19）には天井がなく、屋根まで吹き抜けになっていて、そこに厳島神社から配られたいろいろなお札を貼る大きな神棚が設置されています。大変印象的で、なにか重要な部屋なのだろうと、私も調査に入った当初は思うだけで、何がなんだかよくわからなかったのです。

というのは、こういう吹き抜けの部屋は、飛騨の高山や北陸には多いのですが、西日本にも吹き抜けがある町家が存在しているとは、それまで知らなかったからです。このことが調査に入ったときの一つ目の大きな疑問でした。

宮島の町家の古い事例をいくつか紹介します。図20の若狭家は、二階に子どもの勉強部屋を増築す

図18　吉田家住宅，外観

図19　吉田家住宅，オウエ

図21　若狭家住宅，オウエ

図20　若狭家住宅，外観

図22　若狭家住宅，オウエ上部

図24　田中家住宅，オウエ上部

図23　田中家住宅，外観

図25　岩見家住宅，外観

図26　岩見家住宅，ツシ二階

図27　岩見家住宅，オウエ

るためにリフォームしていますが、屋根が途中で折れているのがわかるでしょうか。もともとは屋根がずっと低く下りてきていました。この家は吉田家の隣にあります。もともとは屋根が低かったのだと思いながら、一次調査に入らせていただくと、図21のような立派な神棚を置いたオウエがありました。びっくりしたのが、オウエの上の吹き抜けにかかる小屋組を見たときです。図22のように梁《はり》方向と桁《けた》方向の貫《ぬき》が離れていたのです。

普通、われわれの知っている建物では、背違《せちが》いといって、梁方向と桁方向の貫が接します。ぶつからないようにずらすのですが、それでも接していて、まるで交差しているように見えるのですね。そういう貫が普通なのに、若狭家は離れています。私は、しばらく奈良国立文化財研究所にいて関西で働いていたので、この貫の工法は、関西の神社建築で一七世紀の中期か遅くとも後期ぐらいまでしか使われないと聞いていました。では、この町家は古いとしても、一七世紀としてよいのか。しかし、現在、わが国に十二棟しか残されていない一七世紀の町家が、そう新たに見つかるわけがないと思っていましたので、それからいろいろ悩みました。

図23は田中家住宅で、これは後で試料分析をしましたので、ご説明申し上げますが、貫は背違いです（図24）。

図25は岩見家住宅です。まだ^{14}C年代測定はかけていないのですが、この家はツシ二階建てといって、二階はツシ二階と呼ばれる物置です（図26）。外壁のところで高さが一メートル四〇センチぐらいし

図28　飛騨高山・重文松本家住宅，19世紀初期

図29　岐阜岩村の町並み

かないので、頭を下げていないと当たりますが、実際に物置として使われています。家の裏手は、現在は寒いので天井を張っていますが、図27を見たらわかるように天井は新建材です。これをはがすと、表側にツシ二階があるミセがあって、裏側は天井がない吹き抜けのオウエになることがわかります。この岩見家も、後でまた説明しますが、町家の形成の歴史を考える上では大切な遺構です。

(3)　吹き抜け型町家の分布

先ほど言った中部や北陸にある類似した町家の話に戻ります。図28は飛騨高山にある松本家住宅です。高山の町家には、建物の中央にオエと呼ぶ吹き抜けになった部屋があり、そこには囲炉裏もあります。吹き抜けの上部は、整然とした梁組がほどこされ、立派で美しい空間をつくることで有名です。当然、このような町家は近辺に広がっています。図29は岐阜県の岩村の町並みです。図30のように中央の部屋がやはり吹き抜けになっていますが、この地方ではナカミセと呼んでいます。ミセの次にある部屋だからです。

それから金沢（図31）や富山など北陸地方にも同様の町家形式が広がっています。^{14}C年代分析と少し違った話になっていますが、何が起こるかという話の一環としてお聞きください。

一方で、北九州に行くと、図32のように妻入《つまいり》の町家で、図33のように中央の部屋だけ天井を高く張って、神棚を飾る町家が分布しています。いままで見てきたような平入《ひらいり》ではなく妻入です。図34の

図31　金沢・川端家住宅，
オエ上部

図30　岩村・河合家住宅，
ナカミセ

図32　佐賀塩田津・西岡家住宅，外観

図33　佐賀塩田津・西岡家住宅，ナカノマ

図34　福岡八女福島・高橋家住宅，ナカノマ

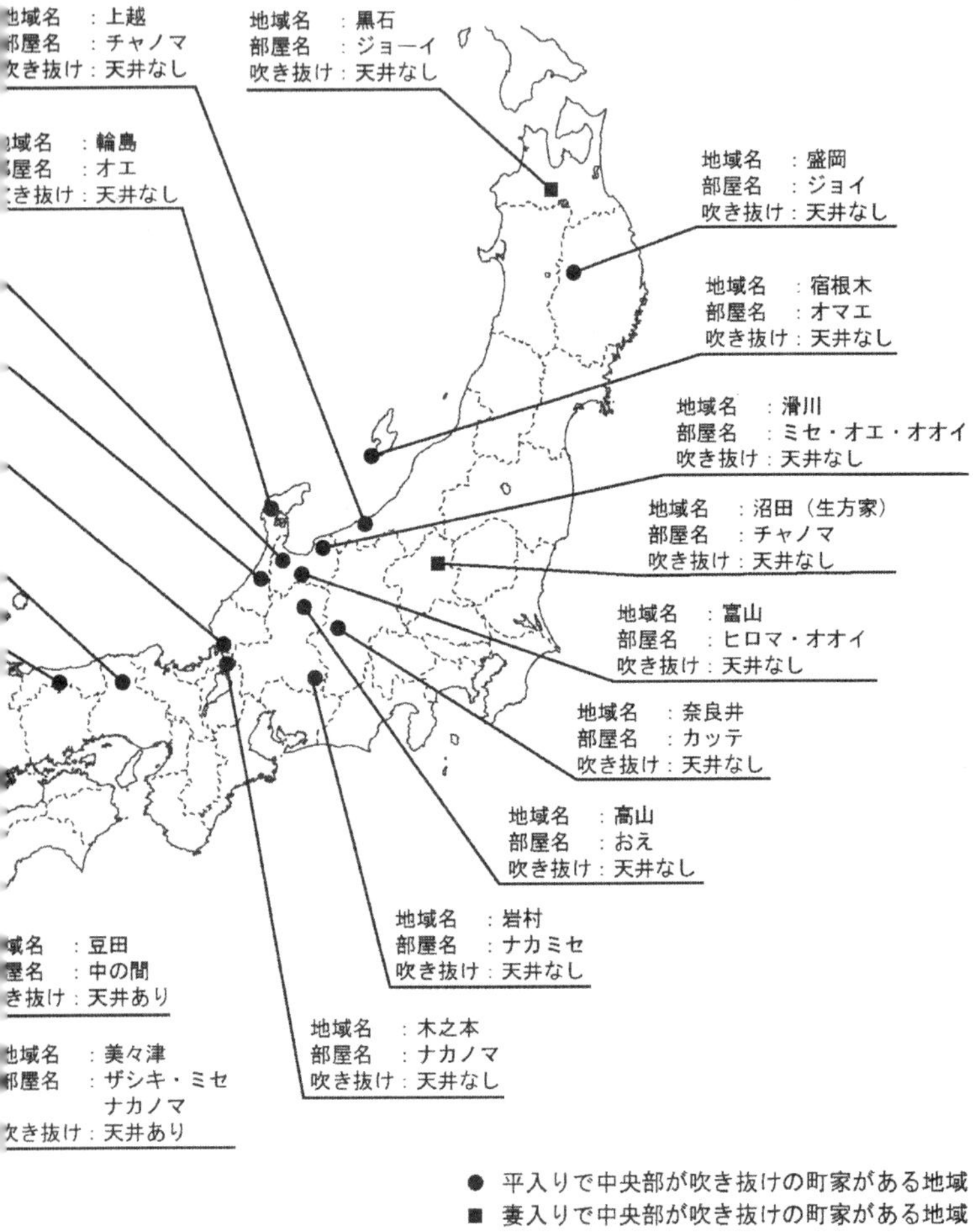

図35　吹き抜けの部屋がある町家分布図

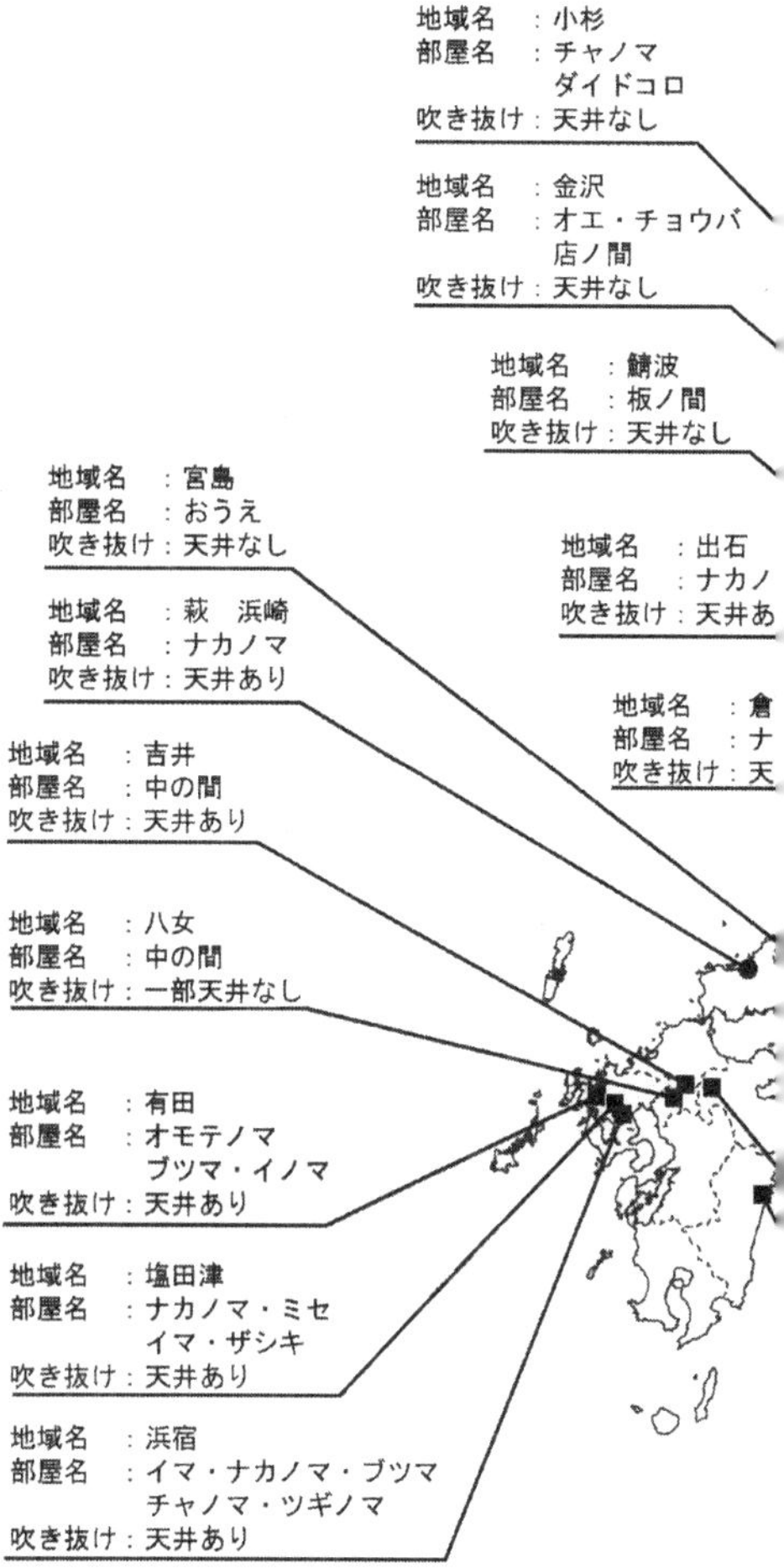

久留米《くるめ》に近い八女《やめ》福島《ふくしま》や、大分県の日田《ひた》、宮崎県の美々津《みみつ》などの町家もそうです。

私の研究室で、卒論生が全国の民家調査報告書を調べてこうした町家の分布状況をまとめてくれたので、伝建調査報告書に掲載した図に、私が若干の追加情報を入れた分布図が図35です。宮島と同じようなタイプの町家を●印で示していますが、高山を中心に中部・北陸にずっと分布しています。また、少し離れて盛岡にもありました。山陰地方の港町にもあって、瀬戸内海では宮島にあります。いっぽう関西や関東、そして四国にはありませんでした。

次に、オウエと似た性格を持っているのですが、妻入りで、天井が張られている吹き抜け状の部屋をもつタイプは、図35では■印で示してあり、北九州の辺りに集中していますが、東に行くと青森県の黒石や弘前にもあり、さらに重要なことは、栃木県に妻入の町家として日本最古である旧生方家住宅があることです。これも前面だけにツシ二階があって、背後は吹き抜けになる空間構成をしています。この遺構は、ぽんと飛んで現れるのですが、当然、関係があるはずです。そこで私は仮説を立ててみました。

オウエというのは、奈良の今井町という古い建物がたくさん残っている有名なところがありますが、その今井町に高木家、いま重文になって残っている建物があります。その元禄十年、要するに一七〇〇年ごろの指図が図36です。これは「上ノ間」と「三階」蔵を増築したときの指図で、それらを除いて左側の本体をみると、通り土間に沿って二列の部屋があり、道に面したところにミセがあって、その次がオウエになっていて、いちばん奥が座敷です。この部分だけ取り上げれば、宮島の町家と同じ平面形式ですが、この家は大変お金持ちですので、もう一列、その奥に部屋があり、さらに別宅として右手の建物も建てていたという状態です。

もし、このオウエが吹き抜けになっていて、ミセの上にツシ二階があれば、宮島の町家と同じになります。いま現在は、近畿地方に宮島のような町家はありませんが、このように昔はあったかもしれない。それが、何かの関係で日本全国に伝播していったけれども、その後に京都はいま見るような新

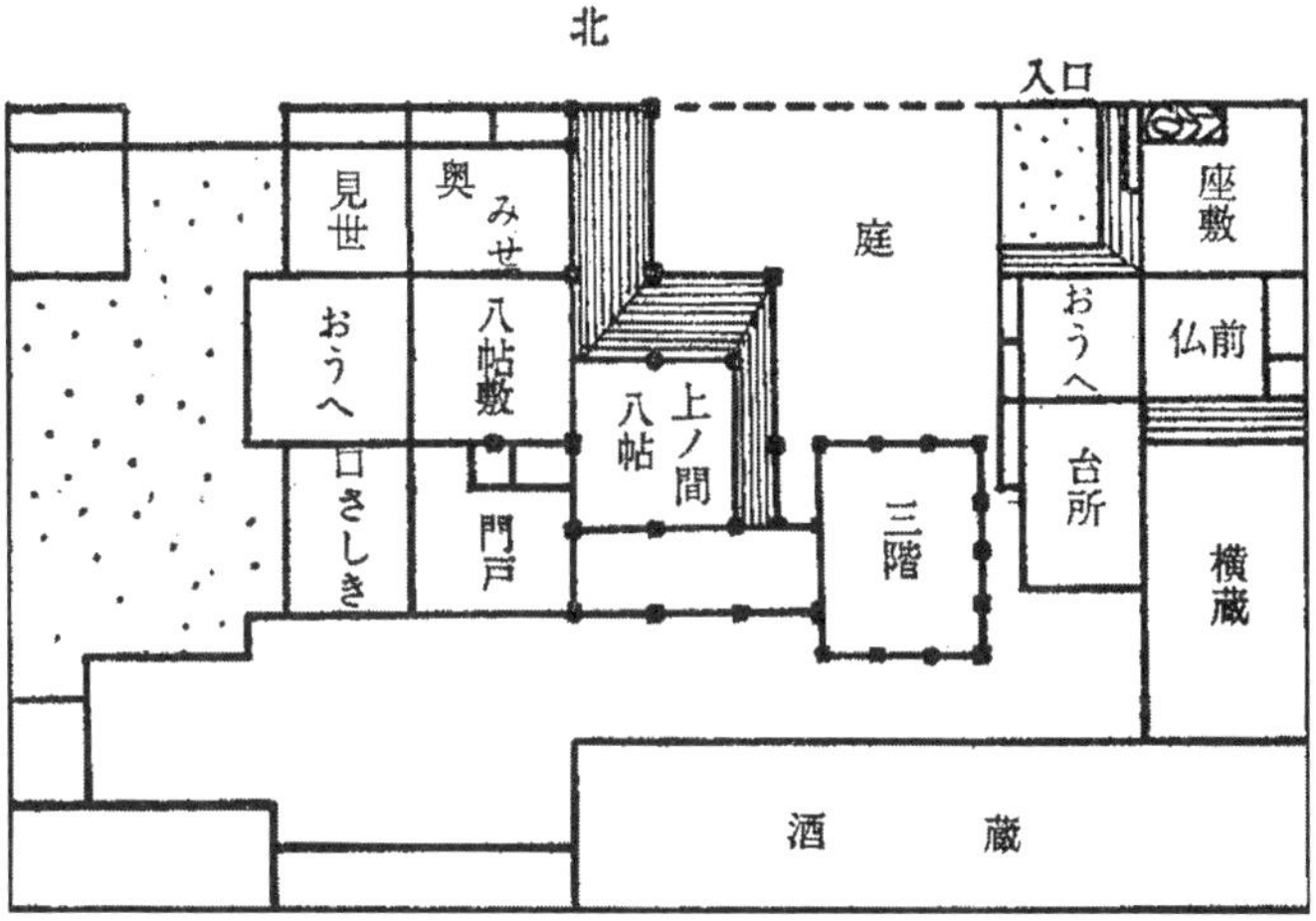

図36　元禄10年今井町壺吉居宅指図
（高木正二郎所蔵，伊藤鄭爾『中世住居史』所収）

しい町家の形に変わり、地方へ伝播していった分だけが残っているのかもしれません。

　これは昔、有名な柳田国男先生が「蝸牛考」(2)という論文で「文化周圏」という名前を付けた現象です。文化周圏は、方言などによくある話で、地方に行くと古い言葉が残っていることを説明するものです。言葉の進歩が速い中央では古い言葉が消えるので、古い言葉を見つけたかったら地方へ行けという話ですが、オウエが吹き抜けになった町家というのも、それと同じ経過によって地方にだけ残された古い町家のかたちなのではないかと、あくまで仮説としてですが、想像できるわけです。

　実際、伊藤鄭爾先生の『中世住居史』(3)を読むと、中世の終わりごろ、天文年間（一五三二〜五五）の京都の町家には、道側にミセという部屋があり、その後ろにオウエという部屋があったと文献から確認できます。また、民間信仰史の研究をされて若くして亡くなられた高取正男先生によれば、オウエの語源というのは「お家」だろうとおっしゃっています。おうちの中心になる部屋のことをオウエというのではないか、というようなことを書かれています。

いまの話は、現在はあくまでも仮説です。たとえば、妻入の町家で最古と言われる群馬県沼田市の旧生方《うぶかた》家住宅をみますと、妻入なのに空間構成は厳島と同じです。そして、それとかかわるような妻入なのにミセの背後の部屋が吹き抜け状になっている町家も、九州と東北、つまり地方に残されています。これも文化周圏の結果だというなら、一七世紀以前の近畿周辺には、平入と妻入の二つのタイプの町家が共にあったのか？　なぜ建物の形態が違うのに、ともにミセの上だけにツシ二階をつくっていたのか？　疑問は、どんどん広がります。

これから、そうした疑問に答えるべく研究を発展させていかないといけないと思いますが、それは民家史の問題でして、今回は、以上のような厳島でやった伝建調査の結果は、^{14}C年代測定をしたことにより、どのようになるのかについて述べるのがテーマです。

(4) 町家の編年

まず、宮島の調査で使用した編年指標、古さを決める指標としてベーシックなものは、二階の高さです。図37を見ればわかるように、今回の調査前から古いといわれていた田中家や宮郷家の二階の高さは低いですが、棟札から幕末に建てられたことがわかる山本寅吉家は、二階がかなり高くなっています。二階の高さというのは、建物の古さを表す基本指標なわけです。

宮島では、いちばん古いもので二階が一メートル二〇センチから三〇センチぐらいから始まり、年代のわかる幕末ぐらいのものは一メートル八〇から九〇センチぐらいの高さになり、人が立ったままで使えるようになります。

図38は、木曽平沢《きそひらさわ》の調査報告書から転載したものです。ここは大火があったので、幕末から戦後の町家しか残っていませんが、その幕末ぐらいのものから戦後の昭和三〇年代ぐらいまでの建物も、図のように二階がだんだんと高くなり、昭和になると二階は一階と同じ高さになって、一階と二階の差がなくなります。部屋の高さは、最終的には一階と同じだけの高さがあったほうが使いやすいので、少しずつ高くなっていくというのは、全国的な傾向としてあります。ただし、後で述べますが、一七世紀前半は、少し違った様相があります。

もう一つ宮島で編年指標として使ったのは、屋根を支えるために梁が組まれた場合の梁同士の仕口《しくち》

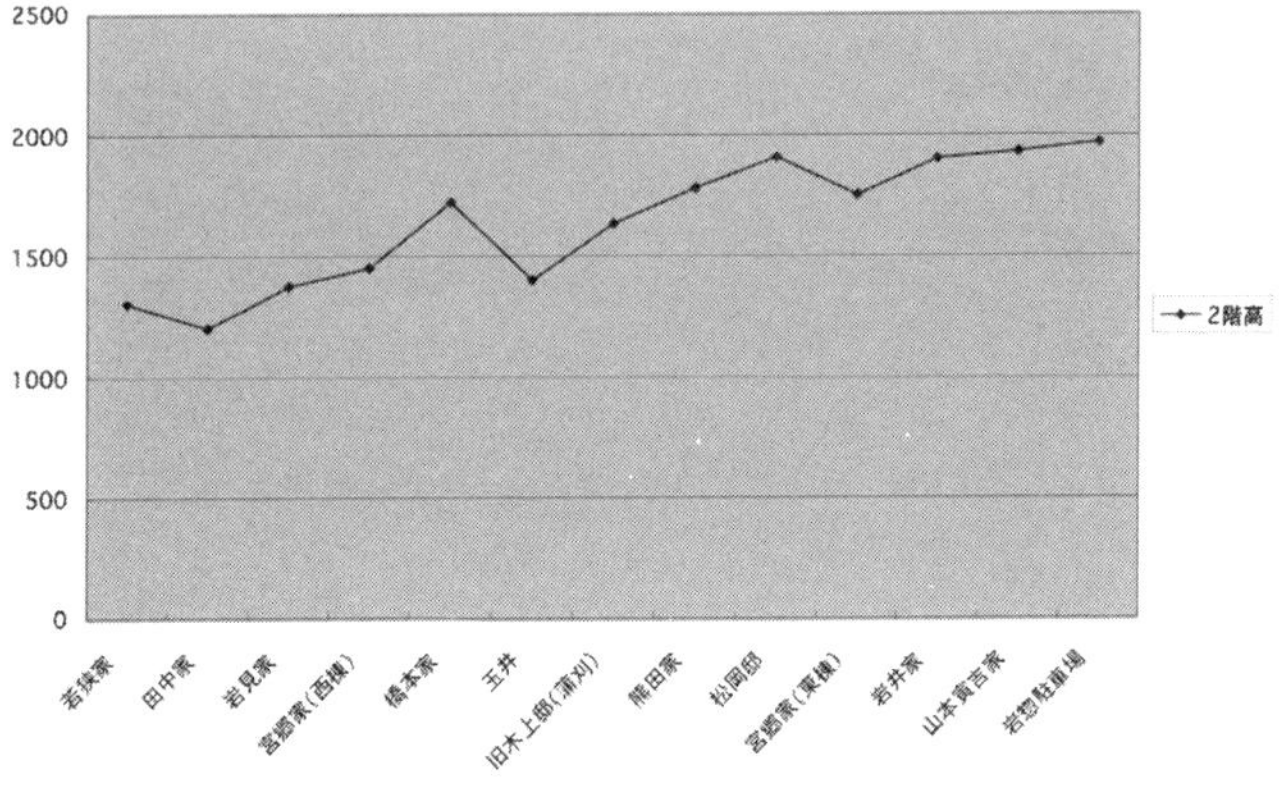

図37　厳島神社門前町の２階高さの変遷

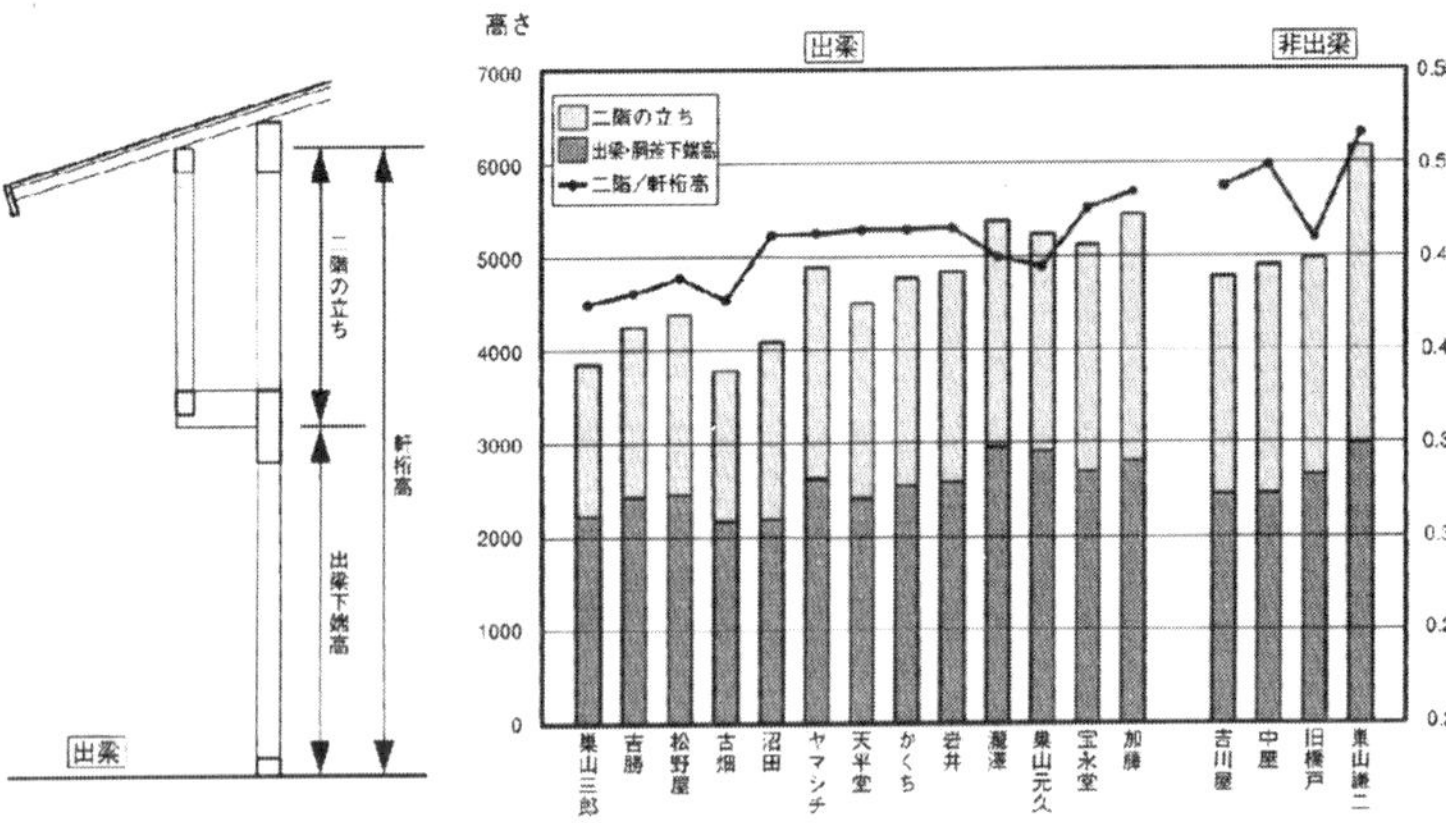

図38　木曽平沢の幕末～戦後の1・2階高さ

図41　木上家（下蒲刈島へ移築）
（S3：3〜4寸）

図39　飯田家作業所の小屋組
（S1：1寸程度）

図42　岩惣駐車場（1861年）
（S4：4〜5寸）

図40　橋本家住宅の小屋組
（S2：2〜3寸）

梁部材の噛み具合	下の梁断面	上の梁断面	桁行梁の形状	梁行梁の形状	部屋境の梁	貫	既推定年代
S1	H（梁）	H（桁）	原形	原形	—	N1	—
—	W（桁）	—	曲線	—	曲線	N3	
S1	HとW（梁）	H（桁）	原形	直線	増築部根元加工	N3	18世紀後期
S1	W（桁）	H（梁）	原形	原形	直線	N3	—
S1とS2	W（桁）	W（梁）	曲線	原形と直線	曲線	N3	18世紀後期
S2	W（桁）	W（梁）	やや曲線	曲線	根元加工	N3	
S2	W（桁）	W（梁）	直線	直線	不明	N3	19世紀前期
S2	W（梁）	W（桁）	—	根元加工	—	—	
S2	W（桁）	W（梁）	根元加工	直線	根元加工	N3	—
S3	W（梁）	W（桁）	直線	直線	不明	N3	—
S3	W（梁）	W（桁）	直線	直線	根元加工	N3	18世紀末
S3	W（桁）	W（梁）	直線	直線			
S3	W（桁）	W（梁）	直線	直線	根元加工		
—	—	—					19世紀中期
S3	W（梁）	W（桁）	直線	直線	—	N3	19世紀前期
—	—	—			根元加工		
S3	W（桁）	W（梁）	直線	直線	—	N3	
—							
S4 130mm	W（桁）	W（梁）	直線	直線	—		—
S4	K（桁）	W（梁）	直線	直線	直線	N3	—
S4	K（梁）	W（桁）	直線	直線	直線	N3	

（『厳島神社門前町—伝統的建造物群保存対策調査—報告書』）より転載。

注1：備考欄の『宮』は『宮島町史　特論編・建築』，『厳』は『厳島神社　門前町　安芸の宮島　町並み調査報告書』を意味する。「既推定年代」はそれらより抜粋した。

注2：このほか19世紀中期の遺構として，『宮』所載の旧江上家（現：廿日市市立宮島歴史民俗資料館）と『厳』所載の竹内清治家がある。

表1　厳島神社門前町の町家推定年代表

	掲載番号	研究対象民家	推定年代	間口	2階高	2階高/1階高
1	9	若狭家	18世紀中期	2.5	約1300	0.473
2	44	小西家	18世紀後期	8	—	0.45
3		田中家	18世紀後期	2	1200	0.457
4	19	飯田家作業所	18世紀後期	2	—	—
5		吉田家	18世紀後期	4	1834	0.667
6	77	岩見家	19世紀前期	3	1375	0.488
7		宮郷家（西棟）	19世紀前期	2.5	約1450	0.645
8	4	旧瀬田家（松本・坪木・向井・末）	19世紀前期	8	約1900	0.69
9	3	橋本家	19世紀前期	2.5	約1720	0.747
10	8	玉井家	19世紀前期	2.5	約1400	0.547
11	82	旧木上家（蒲刈）	19世紀前期	3	1633	0.563
12		熊田家	19世紀中期	2.5	1780	0.69
13	18	松岡家	19世紀中期	4	1905	0.652
14		宮郷家（東棟）	19世紀中期	2.5	約1750	0.765
15		岩井家	19世紀中期	2.5	約1900	0.769
16	12	旧瀬越家	19世紀中期	6.5	2170	0.767
17	70	野坂家		10	2579	0.911
18	38	山本寅吉商店	嘉永5年（1852）	5.5	1930	0.813
19	41	岩惣駐車場	文久元年（1861）	4	1966	0.6
20	11	松本家	19世紀後期	2.5		砂本
21	34	吉村家（平屋）	明治35年（1902）	2.5	—	—

のかみ合わせの深さです。図39は飯田家作業所の梁の仕口の状態ですが、非常に危うい感じで乗っているように見えます。こういうのは構造的に強くないのが当たり前なので、建物を強くしたい大工さんによってだんだん深くされていくのではないかと考えました。ほかにも梁の断面形状についてとか、いろいろと細かい話はありますが、それは割愛します。

今回は、図39のように私が古いと思った梁のかみ合わせが浅いものを、年代測定させてもらいました。逆に岩惣《いわそう》旅館の駐車場に使われている町家は、幕末の一八六一年に建てられたという棟札が残っていますが、これが図42のように最もかみ合わせが深いタイプで、その深さは実測値で一五センチあります。外から測ってであって、中はどういう細工になっているのかわかりませんが、そのように仕口の深さが五寸くらいあるものをS４としました。

それから、仕口の深さが三~四寸ぐらいのものをS３、二寸から三寸くらいのものをS２グループとし、飯田家作業所のように一寸くらいしかないものをS１とし、さらに図22の若狭家住宅のように梁が丸太断面で、ちょこんと点乗りになっているものは、梁のかたちが違うので同列には比べられないかもしれませんが、S１からS４の断ち割った形の梁を使うものとは別のグループとして、これも建物の古さを示す指標としました。

民家調査というものは、以上のような二階の高さや仕口の形状など、時代に応じて変化がある指標を比べることで、建物の新旧を考えていく編年という作業をやります。建物の新旧順を推定するのです。

宮島の場合は、先の岩惣駐車場が文久元年（一八六一）、二階が高くなった山本寅吉商店が嘉永五年（一八五二）と、一九世紀中期の建物しか棟札が出てこなくて、一九世紀前期から前のものは全部が編年による推定になってしまいました。表1のように、いちおう二階の高さがだんだん低くなり、田中家などは一二〇〇センチ、若狭家などは一三〇〇センチしかないので、そうとう古いのだろうなとは思いつつも、どれだけ古いかはわかりません。地域差もありますし、いろいろな理由があるから、古いものなら「一七世紀に入る」とはなかなか言えません。

本章で紹介する建物はみんな古いですが、日本の町家で、いままで一七世紀だと認められ重要文化財になっている建物は一二棟しかありません。だから「これは一七世紀だ」と言い出すのには、そうとうな勇気と確信がいります。伝建調査のときは、私も言えなかったのです。

そこで表1のように、いちばん古いもので一八世紀中期と推定しました。恥をさらしますが、これが当時の私の推定だったのです。その他にも梁の形状や貫の形式とか、いろいろな指標ごとに技法や形式が変化する時期をたどりながら、少しずつこちらのほうが新しい、こちらのほうが古いと判断していくのが「編年」という作業です。

(5)　飯田家作業所と田中家住宅の^{14}C年代分析

その結果が表1ですが、自分ではどうしても納得がいかなかったのです。図43は旧飯田家作業所の調査時の写真です。なぜ、こういう写真を出すかというと、この建物は一八世紀後期と推定した私にも責任の一端があるのですが、所有者が取り壊すことにしました。駐車場にしたいのだそうです。そこで、「いや、ちょっと待ってください。私は一八世紀後期と報告書に書いたけれども、もう少し古い非常に重要な遺構である可能性もあるし……」と、お願いしたのです。

だいたい二階建てではなく平屋の町家というのは、ただでさえみすぼらしいので、なくなりやすく、平屋の町家の古いものはあまりないのです。私としては、「これは再調査せずに壊されたら困る」と思って、「ちょっと待ってください」と言って、中尾さんに声をかけて、^{14}C年代の年代測定用の試料を採ってもらったのです。それから二、三ヵ月かかったでしょうか、「^{14}C年代の分析結果がわかりました。私の推定よりもずっと古かったです」と言ったら、「もうあれは解体許可が出た」という話で、現場に行ったら、図44の状態でした。

もとは、図43のように二戸の建物を一棟としてつくる長屋、タウンハウスだったのですが、行ってみたら図43でシャッターの下りている方が完全になくなっていました。手前の旧飯田家作業所として調査した側だけが残っていました。そこで、現場監督に「ユンボで壊すのはやめて手作業でばらして

図43　旧飯田家作業所の伝建調査時の外観

図44　旧飯田家作業所の解体中の内観

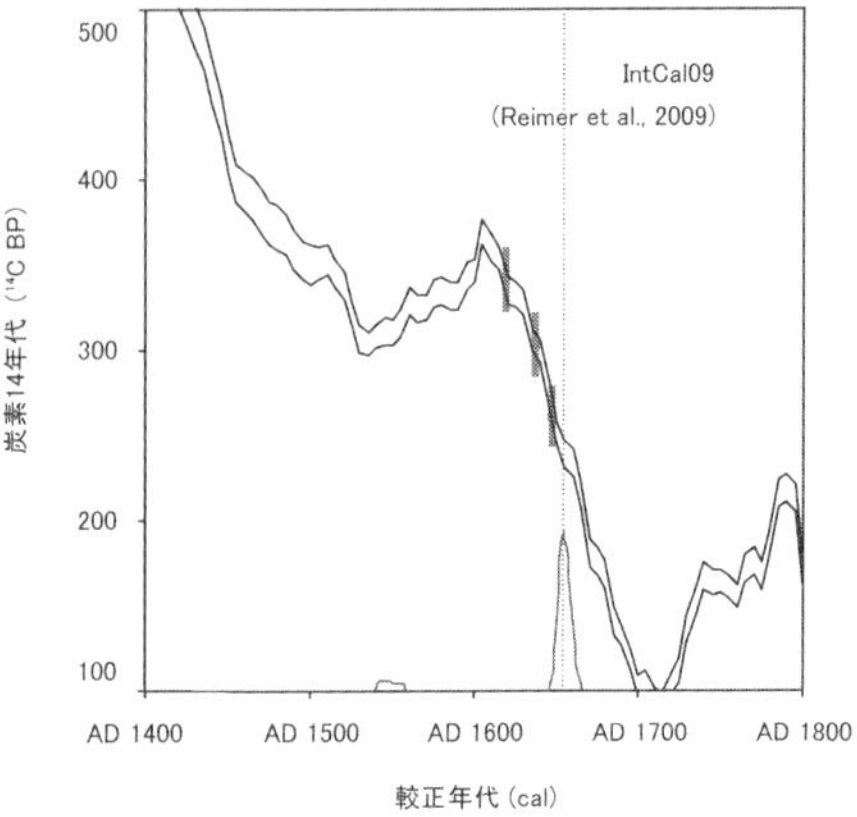

図45　旧飯田家作業所・梁「ろ通り二—五」測定結果　松，辺材あり，17世紀中頃

図47　田中家住宅のオウエ

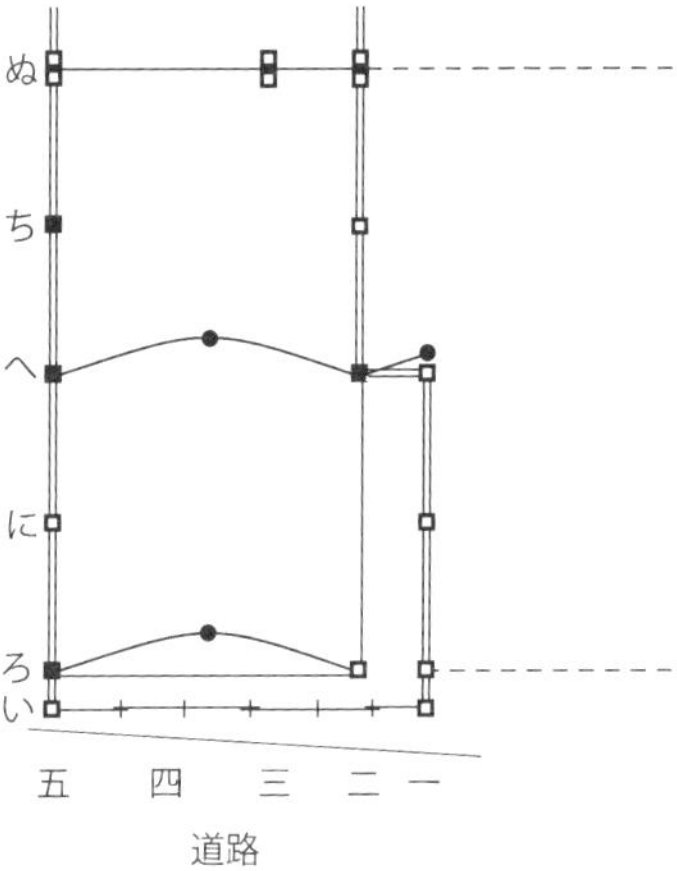

図46　旧飯田家作業所の分析材位置図

くれ」とお願いして、所有者の許可もとって再調査に入りました。

最初の調査時は、ベニヤなどが張られていてわからなかったのですが、そういう改装材を外してみると、一見するとボロ屋に見えるかもしれませんが、大変美しい町家だと分かりました。何が美しいかというと、図44をみてください。両側に柱が並んで立っていて、それを繋いで小さな町家にしては珍しいぐらいの太い梁が水平に入っています。完全に計画的なバランスの取れた構造なのです。これは平屋ですが、おそらく当時の町家としては非常に立派というのか、標準的というのか、「一人前の商人が構える家」みたいな感覚で見ていただいたら良いと思います。

次の図45が、飯田家作業所の梁の測定結果です。簡単にいうと、一六六七年ぐらいを下限とするデータが出てきました。ちなみに、壊される前の緊急調査ですから試料採取の跡が残ることなどかまっていられませんでした。目立つところであろうが、結果がはっきりして、飯田家作業所の建造年代が明らかになり、保存すべきかどうかが明白になることを優先しました。一本では不確定要素が残るので、図46のように主要な柱を四本、梁を三本分析し、それらすべてで一六六〇年代以前のデータがでました。ここでは分析結果をすべて見せて説明するということはしませんが、すべて松材で、虫食いに弱い辺材を残して使っている材も多くありましたので、この建物は伐採後、それほど時間をおかずに建てられたと考えられます。したがって、飯田家作業所は一七世紀中期か一七世紀後期の初めくらいに建てられたと推定されます。

梁部材の噛み具合	下梁の断面形と形状	上の梁断面	部屋境の梁	貫	過去の推定年代
点乗り	M（梁）自然	M（桁）・自然	—	N1	—
45mm	W（桁）自然	MとW（梁）自然		N3	—
S1	W（梁）直線	M（桁）自然	増築部根元加工	N3	18世紀後期
S1	W（梁）	W（桁）自然	—	N1	
—	W（梁）自然	—	自然	N3	
S1	W（桁）自然	W（梁）自然	自然	N3	18世紀後期
S1	W（梁）自然	K（桁）自然	根本加工	N3	
S2	W（梁）直線	W（桁）直線	不明	N3	—
S2	W（桁）直線	W（梁）直線	不明	N3	19世紀前期
S2	W（梁）直線	W（桁）直線	根元加工	N3	18世紀後期
S1	W（桁）根本加工	W（梁）直線	根元加工	N3	—
S3	W（桁）直線	W（梁）直線			
S3	W（桁）直線	W（梁）直線	根元加工		
—	—	—			19世紀中期
S3	W（梁）直線	W（桁）直線	—	N3	19世紀前期
—	—	—	根元加工		
S3	W（桁）直線	W（梁）直線	—	N3	
—					
130mm	W（桁）直線	W（梁）直線	—		—
S4	K（桁）直線	W（梁）直線	直線	N3	—
S4	K（梁）直線	W（桁）直線	直線	N3	

注1：備考欄の『宮』は『宮島町史　特論編・建築』，『厳』は『厳島神社　門前町安芸の宮島　町並み調査報告書』を意味する。「既推定年代」はそれらより抜粋した。

注2：このほか19世紀中期の遺構として，『宮』所載の旧江上家（現：廿日市市立宮島歴史民俗資料館）と『厳』所載の竹内清治家がある。

表2　厳島神社門前町の町家推定年代表（補正後）

	研究対象民家	旧推定年代	新推定年代	間口	2階高	2階高/1階高
1	若狭家	18世紀中期	17世紀前半	2.5	約1300	0.473
2	飯田家作業所	18世紀後期	17世紀後期	2	—	—
3	田中家	18世紀後期	17世紀後期	2	1200	0.457
4	旧瀬田家（松本・坪木・向井・末）	19世紀前期	18世紀前期	8	約1900	0.69
5	小西家	18世紀後期	18世紀前期	8	2150	0.827
6	吉田家	18世紀後期	18世紀前期	4	1834	0.667
7	岩見家	19世紀前期	18世紀前期	3	1375	0.488
8	玉井家	19世紀前期	18世紀中期	2.5	約1400	0.547
9	宮郷家（西棟）	19世紀前期	18世紀中期	2.5	約1450	0.645
10	旧木上家（蒲刈）	19世紀前期	18世紀後期	3	1633	0.563
11	橋本家	19世紀前期	18世紀後期	2.5	約1720	0.747
12	熊田家	19世紀中期	19世紀前期	2.5	1780	0.69
13	松岡家	19世紀中期	19世紀前期	4	1905	0.652
14	宮郷家（東棟）	19世紀中期	19世紀前期	2.5	約1750	0.765
15	岩井家	19世紀中期	19世紀中期	2.5	約1900	0.769
16	旧瀬越家	19世紀中期	19世紀中期	6.5	2170	0.767
17	野坂家	19世紀中期	19世紀中期	10	2579	0.911
18	山本寅吉商店	嘉永5年（1852）	嘉永5年（1852）	5.5	1930	0.813
19	岩惣駐車場	文久元年（1861）	文久元年（1861）	4	1966	0.6
20	松本家	19世紀後期	19世紀後期	2.5		
21	吉村家（平屋）	明治35年（1902）	明治35年（1902）	2.5	—	—

また、似たような建物で、二軒西隣りにある田中家住宅（図47）も調べさせてもらいました。これはもともとは旧飯田家作業所と同じような平屋の建物でしたが、嘉永二年（一八四九）の棟札が残っていまして、幕末に二階建てに改造されたと思われる建物です。したがって、柱は継ぎ足しており、小屋組は全部組み替えています。その改装時に追加された材と、当初材と思われる材料を測定した結果、当初材は一六七九年がピーク値で、改装材は一八〇〇年代という結果が出てきて、建物の歴史とほぼ合致しました。

こうして、もともと表1の編年による推定年代が近かった田中家住宅でも一七世紀後期のデータが得られ、ようやく旧飯田家作業所は一七世紀中後期の建造であるとして良いという自信が得られましたが、やはり、こういうことはなるべく早くはっきりさせないといけないと思いました。私がうかつに一八世紀と言ったから、もしかしたら壊されたのかもしれないという責任を感じております。

(6)　^{14}C年代と民家編年の関係

ところで、旧飯田家作業所や田中家住宅がそれだけ古いことが判明すると、編年という相対的な新旧関係をもとに建造年代を推定した他の町家も、すべての推定年代が動きます。例えば、岩見家住宅、吉田家住宅と、まえに重要な遺構として写真を見せた家々は、^{14}C年代法によって古い遺構の年代が動くと、すべて古い方へ移動して、もとの一九世紀前期から一八世紀前期へと一〇〇年ぐらい古くなってしまったのです。

その他のいろいろな指標の見直し作業なども行い、もう一度、編年を組み直してみたのが表2です。この表には、旧い推定年代と補正後の新しい推定年代が載せてありますので、その変化の具合をよく見てもらえればわかると思いますが、古い遺構の建造年代が曖昧な場合には、^{14}C年代法による成果が絶大な威力を発揮することがおわかりいただけると思います。ここに記した新しい推定年代が、宮島の町家の建造年代に関する私の最終結論です。(4)

(7)　鞆の浦の街区と町家

つぎにお話ししたいのが、鞆の浦についてです。鞆の浦は、古代より続くたいへん貴重な港町で、福山市の南端にあります（図48）。平成二十年から二十一年にかけて、私は伝統的建造物群保存対策調査の一端を担わせていただきましたが、めずらしく都市史を担当しました。その結果、街区の形成過程が判明しました。そして、その中心地にある澤村船具店さん（図49）の向いにある倉庫として使われている町家で^{14}C年代を測定しました。

図50－1と50－2は、元禄時代の敷地割りを復原して、それを現在の航空写真の上に載せた地図です。これを作成するには、大変な苦労をしましたが、それを少し詳しく説明します。

元禄十年（一六九七）、ここを領有していた水野藩は後継ぎがいなくて断絶します。それで幕府は

図48　鞆の浦の港湾風景

図49　鞆の浦の県道沿い（左手前が澤村船具店）

図50－1　鞆の浦（北部）の元禄13年地割復原図（伝建調査結果より転載）

図50－2　鞆の浦（南部）の元禄13年地割復原図（伝建調査結果より転載）

土地を収公した後、岡山の池田藩に命じて測量をやらせますが、元禄十三年に完了し、やがて阿部家などに譲られる基礎データになります。その幕府が命じた検地によって、旧水野藩領は、すべての土地の間口幅や奥行きが測られており、居住者なども判明します。

そこで、鞆の浦でも、それをもとにして屋敷地を復原し、それを現在の町と合わせるとこういう感じになるという図です。

先ほどの宮島は、伝建調査の報告書が出ていますので、詳しくは報告書を見ていただければいいのですが、鞆の浦は諸般の事情でまだ報告書が出ていません。もうほぼ完成しているのですが、二〇一四年現在で出版までにはもう少し時間がかかるという状態です。

(8)　地籍図の復原

敷地の復原というのは難しい作業です。何が難しいかというと、家一戸分の敷地を復原できるほどの精密な地図は、いまの日本にはないからです。さまざまな地図を集めて重ね合わせてみましたが、この地図が正確だからこれでいこうという決定版の地図には巡り合えませんでした。

現状でわれわれが入手できる最も正確な地図は、図51のような道路台帳の付属公図です。道路工事を行うために市役所が保管しており、道路部分は一応実測しているので、かなりましなのですが、それでも、そもそもの国土地理院の基準点に誤差があり、その修正作業を現在やっているということな

図51　鞆の浦（関町）の道路台帳付属公図（部分）

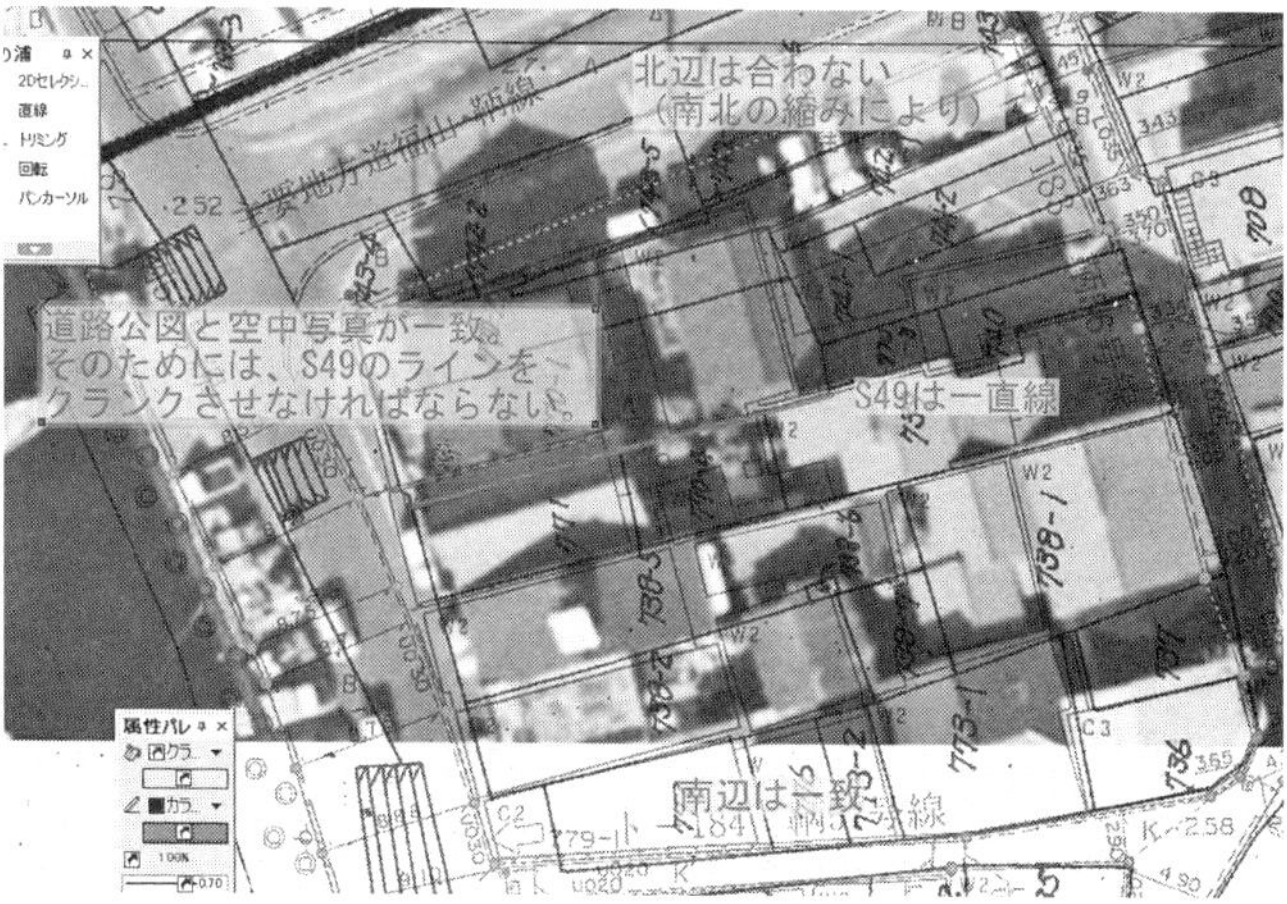

図52　道越町における航空写真・道路公図・地籍図の関係

ので、これだって正確ではないのです。ましてや、道路部分を測量しているだけなので、敷地の奥とか建物が建てられるところは測量しておらず、かなりいいかげんです。他人の土地に勝手に入って測量はできませんので、敷地の四周の境界線が正確な地図というものは日本には存在しないのです。

それでは、復原をする際に何を基本にして行ったかというと、航空写真に道路公図と、法務局にある地籍公図を重ねてみて、航空写真に写った姿を基本にして、それぞれの場所でどの地図が正しいかを判断しながら、敷地を一筆一筆、全部ＣＡＤ上で書き起こしたのです。ここはこのようにずれていて、こちらが正しいと思う。こうだ、ああだと、実際の製作作業を担当してもらった業者との間で打ち合わせしたときのメールのやりとりの一部が図52です。

そうやって、とにかく現状で可能な限りの正確な地籍図を作成したら、今度は地籍にはそれぞれ、ご存じのように地番、土地の番号が付いていますので、その数字を追いかけて、図53の大正時代の地籍図にある地番を、修正した現在の地籍図の地番に対応させる方法で、大正時代の復原地籍図を作成しました。

つぎは明治です。図54は明治の切絵図ですが、明治の初めごろ、明治政府は全国の固定資産税を算出する、いわゆる地租改正のために、全国的に税金用の地籍図をつくるよう指示しました。全国のどこの町に行っても、たいていこれが残っていて、一般に切図といわれています。鞆の浦でも表紙に「切図」と書いてあり、「鞆町役場」と書いてあって町が責任主体であったことが分かります。この切

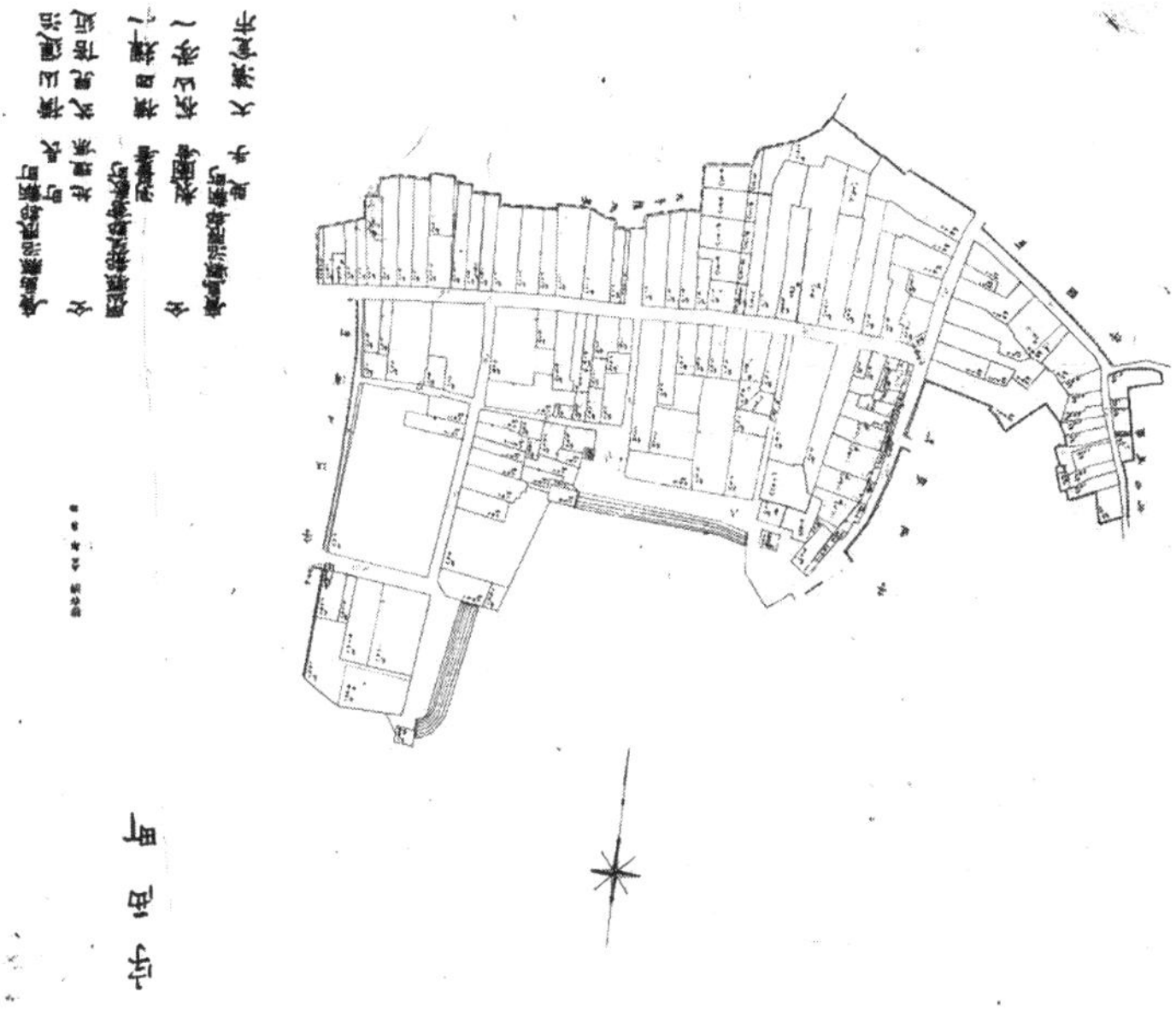

図53　大正末期の地籍公図（西町）

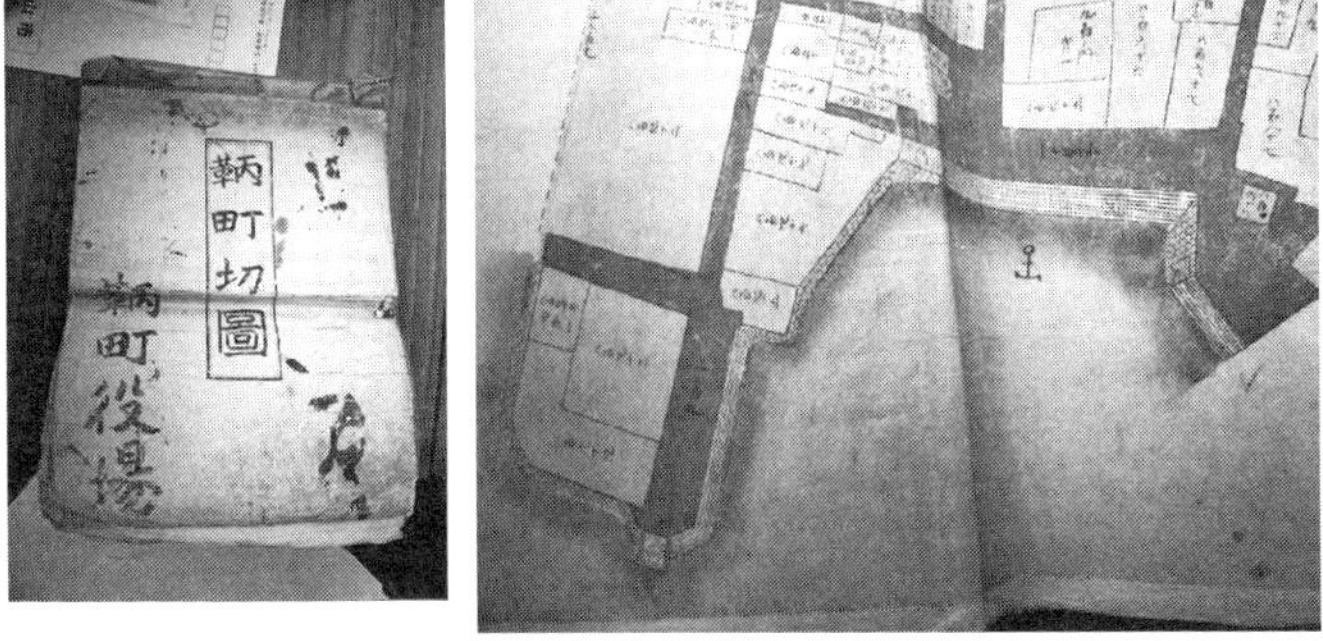

図54　明治16年地籍図（切図，左：表紙，右：西町部分）

図に記された地番を頼りにして、明治時代の屋敷地も、地番を現在の修正地籍図に落としていって、明治十六年の復原地籍図を作成しました。

こんなことをして何になるのかというと、まずは近代以降の町の変化がある程度、分かります。図55は、昭和四十九年の地割を復原したものと、「昭和初期」と書かれているものも一部ありますが、基本的に大正末年の地籍図を復原したものを比べて、敷地が買収されて合筆されたところに濃い網、分筆されてバラバラに売られたところに薄い網をかけた地図です。これを見ると、鞆の浦の中心部分というのは、戦前から分筆も合筆もあまりなく、非常によく戦前の地割りが保存された町だということがわかります。

ところが、同じようにして明治十六年、江戸時代が終わってすぐぐらいですが、その時代から大正末期・昭和初めくらいまでに分筆や合筆があったところを示した図56を見ると、そうとうに分筆や合筆があるのです。明治維新によって、上級町人は没落し、その敷地は分筆されて売られます。それが図56の薄い網がかけられた所で、新しく商売に成功した人は、そういう土地を買って合筆して大きな家を建てます。それが濃い網かけの所です。あとは学校建築などが大きな濃い網の敷地として出現しています。

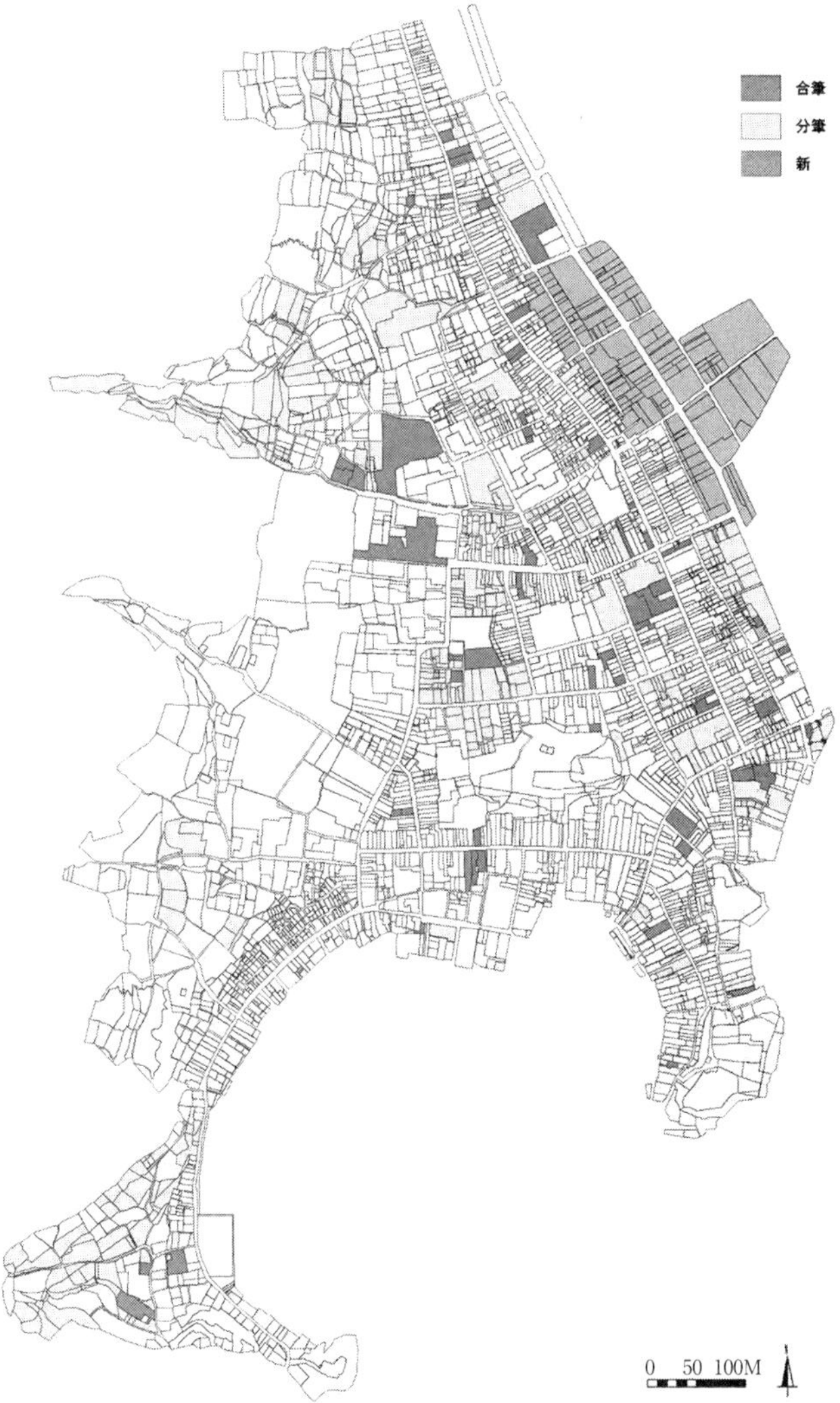

図55　大正末期から昭和49年の敷地変遷図

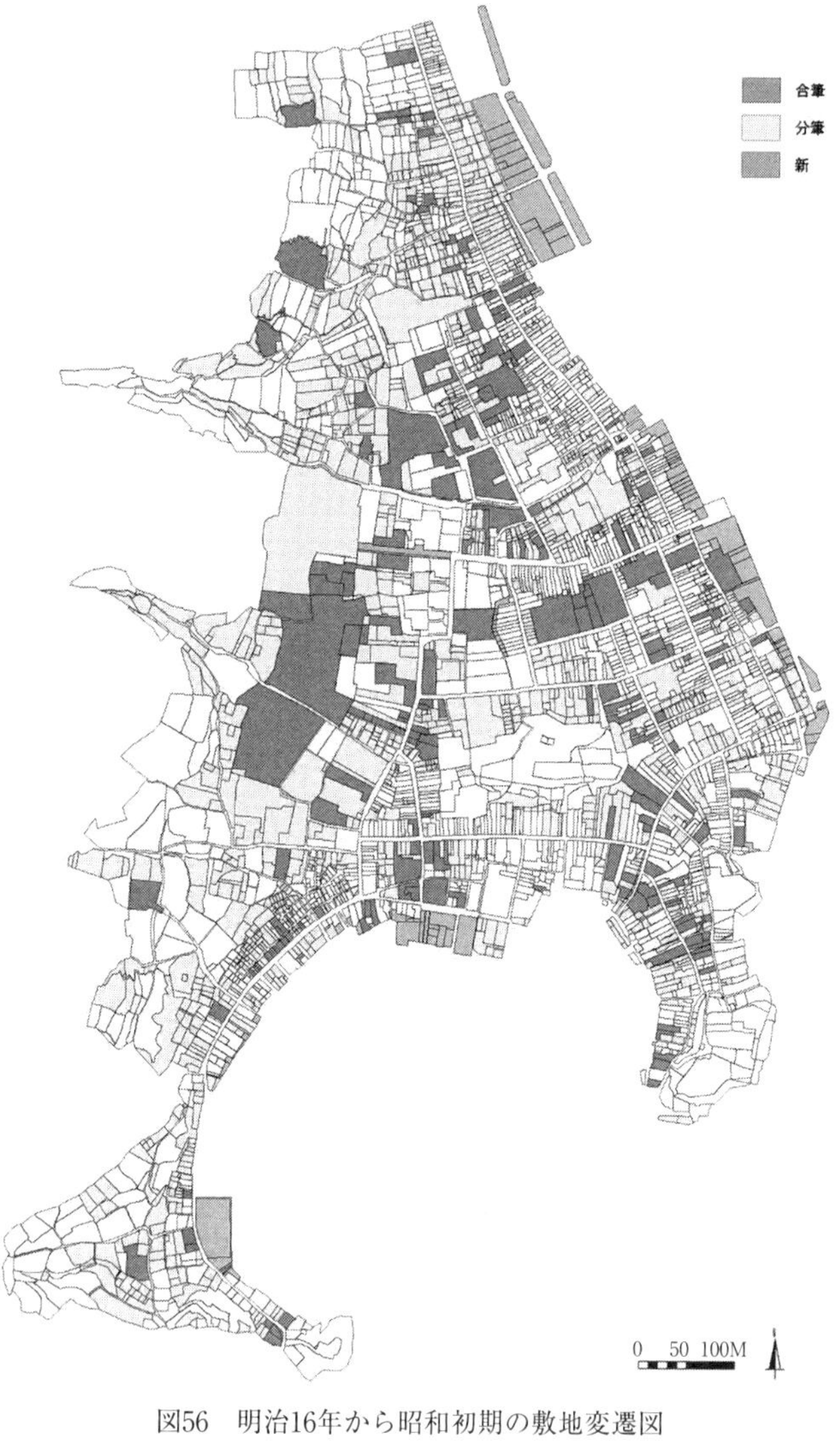

図56　明治16年から昭和初期の敷地変遷図

⑼　元禄検地帳の復原

このように近代以降の町の変遷がわかるわけですが、さらに元禄検地帳を使えば、三〇〇年前の敷地の状態もかなりの精度で分かります。

図57は、もともとの検地帳と、活字化された伝建報告書に掲載されているものです。このような文字データからそれぞれの敷地形状を確定し、それを修正した明治地籍図の上に配置していきます。その結果できた関町と石井町の復原図が図58です。これを航空写真と重ねたものが、先の図50と51でした。もともと航空写真と整合性をとった地籍図をベースにして遡ったので、あのようにうまく重なり、三〇〇年前と現在の状態が比較できるのです。

一例として、現在の鞆の浦の敷地境界線のうち、元禄時代の敷地境界線がそのまま継承されていると考えられるものに点線を付けたのが図59です。三分の一ぐらいの境界線が元禄時代のものです。

⑽　測地尺による街区造成期の推定

ここまで行くと、さらに中世まで遡りたくなるのですが、鞆の浦の場合は中世の検地帳がありませんので、別の方法を考えました。ごく簡単に説明しますが、それぞれの街区が造成された時代に使われていた尺度を利用する方法です。

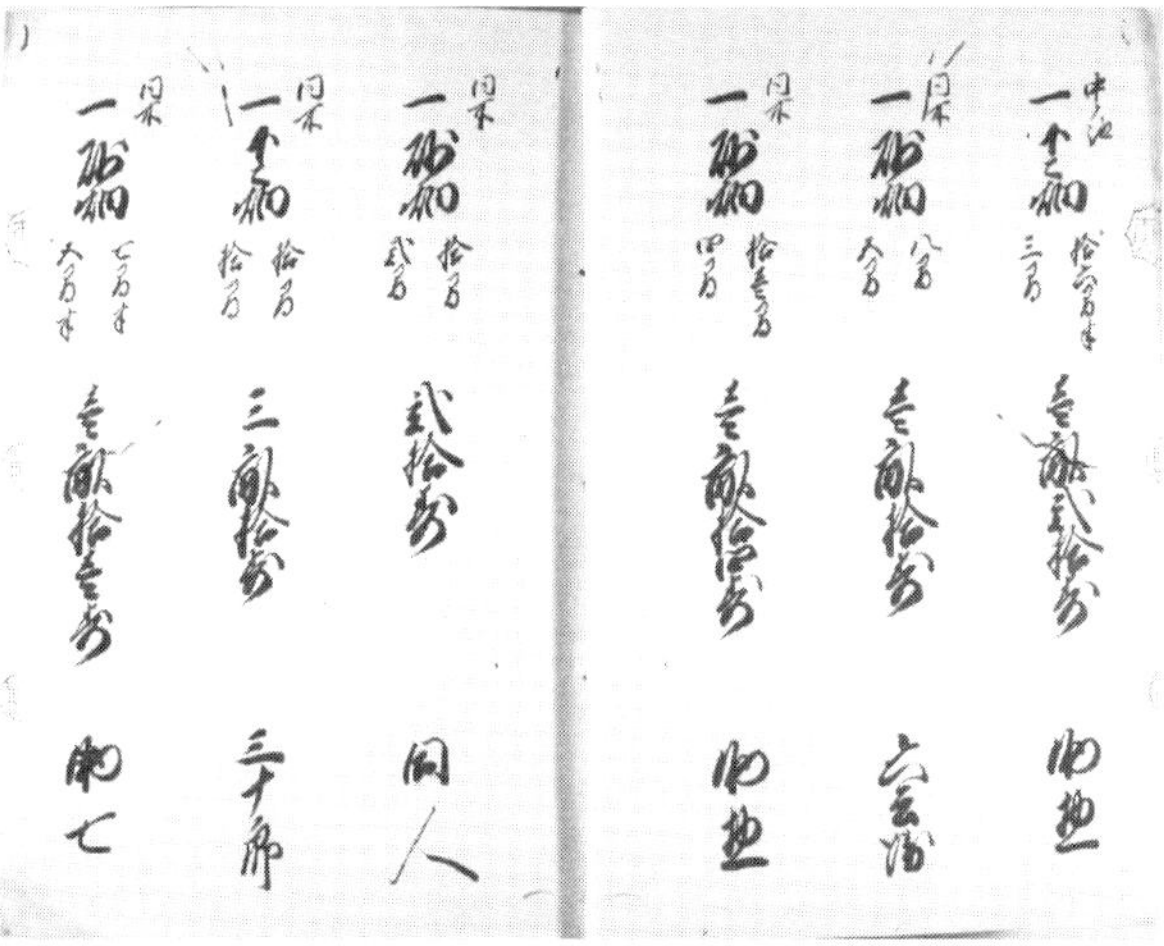

中ノ池
一　下々畑　拾六間半　三間　壱畝弐拾歩　助惣

同所
一　砂畑　八間　五間　壱畝拾歩　六兵衛

同所
一　砂畑　拾壱間　四間　壱畝拾四歩　助惣

同所
一　砂畑　拾間　弐間　弐拾歩　同人

同所
一　下々畑　拾間　拾間　三畝拾歩　三十郎

同所
一　砂畑　七間半　五間半　壱畝拾壱歩　助七

図57　元禄検地帳（上：原本，下：『鞆の浦の歴史』より転載）

図58　関町・石井町の元禄13年地割復原図

図59　元禄13年の地割が残る範囲

まず、その街区がつくられたときに、いったいどんなメジャーが使われただろうかということを考えました。いまは六尺が一間ですが、これは江戸幕府が決めたものです。その前の豊臣秀吉は六尺三寸を一間として全国を検地しました。いわゆる太閤検地です。さらにその前の室町時代は、これは推測ですが、六尺五寸から六寸くらいが一間の寸法だっただろうといわれています。さらに遡って、私が研究している鎌倉時代だと、一間は七尺になります。「七尺定」という言葉が奈良の屋地史料などに出てきます。つまり、おおざっぱな話でいえば、一間の寸法は、長い間たつと、だんだん短くなるのです。これはなぜかというと、一間の寸法を短くすれば、土地の面積は計算上は大きくなるからです。土地面積が数字上で大きくなれば、それだけたくさん税金が取れます。だから領主は一間の寸法、これは検地などの測量で使われる基準寸法なので、測地尺と呼ばれますが、それを可能な限り短くしようとします。逆に、農民は一揆を起こしてでも阻止しようとします。その軋轢が、測地尺の歴史なので、スムーズに変化するわけがなく、場所によっても違うでしょうから、全国一律にそうであったわけではありませんが、だいたいの様子は、七尺から六尺へしだいに短くなっていったと思われます。

では、どうやって各街区の測地尺を推定するかですが、まず図60のように鞆の浦の実際の街区の幅を実測します。つぎに、その街区の大きさを六尺から七尺までの寸法で割ってみます。表3が江之浦町の結果ですが、六尺六寸のところが非常によく適合していることが分かると思います。

これ以上詳しくは述べませんが、とにかく適合率が最も高い尺度を、その街区が造成されたときに使用されていた測地尺であると推定するのです。

そして江之浦町のように六尺六寸でつくられたと推定される街区は、六尺六寸ぐらいの間棹を使っていたのは室町時代の中期頃だろうから、江之浦町が測量され造成されたのは室町時代中期であると推定するわけです。

その結果である図61と、それぞれの街区の形成時期から推定した古代、鎌倉末期、室町時代後半の地形を描いた図62をみてください。いまは町になっている祇園社の前に、大きな港があったとか、いろいろなことがわかってきます。もっとも、測地尺の推定というのは、もちろんですが確実な一次史

6.5尺	6.6尺	6.7尺	6.8尺	6.9尺	7尺	備考
29.96	29.50	29.06	28.64	28.22	27.82	
41.70	41.07	40.46	39.86	39.28	38.72	端部が曲がる
47.14	46.42	45.73	45.06	44.41	43.77	
31.73	31.25	30.79	30.33	29.89	29.47	北端は路地
24.37	24.00	23.64	23.29	22.95	22.63	地蔵院まで
8.02	7.90	7.78	7.67	7.56	7.45	
5.12	5.05	4.97	4.90	4.83	4.76	
32.80	32.30	31.82	31.35	30.90	30.46	
18.79	18.50	18.23	17.96	17.70	17.44	
21.02	20.70	20.39	20.09	19.80	19.52	
12.03	11.85	11.67	11.50	11.34	11.17	旧海岸線以南
9.55	9.40	9.26	9.12	8.99	8.86	同上
5.79	5.70	5.62	5.53	5.45	5.37	同上
11.53	11.35	11.18	11.02	10.86	10.70	同上
13.46	13.25	13.05	12.86	12.68	12.49	同上
31.38	30.90	30.44	29.99	9.56	29.14	
23.36	23.00	22.66	22.33	22.00	21.69	
27.42	27.00	26.60	26.21	25.83	25.46	
19.29	19.00	18.72	18.44	18.18	17.92	
24.42	24.05	23.69	23.34	23.01	22.68	
20.88	20.57	20.26	19.96	19.67	19.39	
13.15	12.95	12.76	12.57	12.39	12.21	奥行き
2.13	2.10	2.07	2.04	2.01	1.98	
6.85	6.75	6.65	6.55	6.46	6.36	
4.52	4.45	4.38	4.32	4.26	4.20	
9.05	8.92	8.78	8.65	8.53	8.41	
7.52	7.41	7.30	7.19	7.08	6.98	
24.37	24.00	23.64	23.30	22.96	22.63	
24.54	24.17	23.81	23.46	23.12	22.79	
39.60	39.00	38.42	37.86	37.31	36.78	
10.31	10.15	10.00	9.85	9.71	9.57	
5.33	5.25	5.17	5.10	5.02	4.95	
0.44	0.66	0.22	0.47	0.47	0.41	

表3　江之浦町の測地尺（間棹）の推定表

	実長（m）	6尺	6.1尺	6.2尺	6.3尺	6.4尺
北西街区	59.00	32.45	31.92	31.41	30.91	30.42
	82.13	45.18	44.44	43.72	43.02	42.35
	92.84	51.07	50.23	49.42	48.64	47.88
北東街区	62.50	34.38	33.81	33.27	32.74	32.23
	47.99	26.40	25.96	25.55	25.14	24.75
	15.80	8.69	8.55	8.41	8.28	8.15
	10.09	5.55	5.46	5.37	5.29	5.20
南東街区	64.60	35.53	34.95	34.39	33.84	33.31
	37.00	20.35	20.02	19.70	19.38	19.08
	41.40	22.77	22.40	22.04	21.69	21.35
	23.70	13.04	12.82	12.62	12.42	12.22
	18.80	10.34	10.17	10.01	9.85	9.69
	11.40	6.27	6.17	6.07	5.97	5.88
	22.70	12.49	12.28	12.08	11.89	11.71
	26.50	14.58	14.34	14.11	13.88	13.67
南西街区	61.80	33.99	33.44	32.90	32.37	31.87
	46.00	25.30	24.89	24.49	24.10	23.72
	54.00	29.70	29.22	28.74	28.29	27.85
	38.00	20.90	20.56	20.23	19.91	19.60
張出部北半	48.10	26.46	26.02	25.60	25.20	24.80
	41.13	22.62	22.25	21.89	21.55	21.21
	25.90	14.25	14.01	13.79	13.57	13.36
	4.20	2.31	2.27	2.24	2.20	2.17
	13.50	7.43	7.30	7.19	7.07	6.96
	8.90	4.90	4.82	4.74	4.66	4.59
	17.83	9.81	9.65	9.49	9.34	9.19
	14.81	8.15	8.01	7.88	7.76	7.64
	48.00	26.40	25.97	25.55	25.15	24.75
張出部南半	48.33	26.58	26.15	25.73	25.32	24.92
	78.00	42.90	42.20	41.52	40.86	40.22
	20.30	11.17	10.98	10.81	10.63	10.47
	10.50	5.78	5.68	5.59	5.50	5.41
適合率		0.47	0.47	0.47	0.25	0.22

図60　鞆の浦の街区実測図（単位：m）

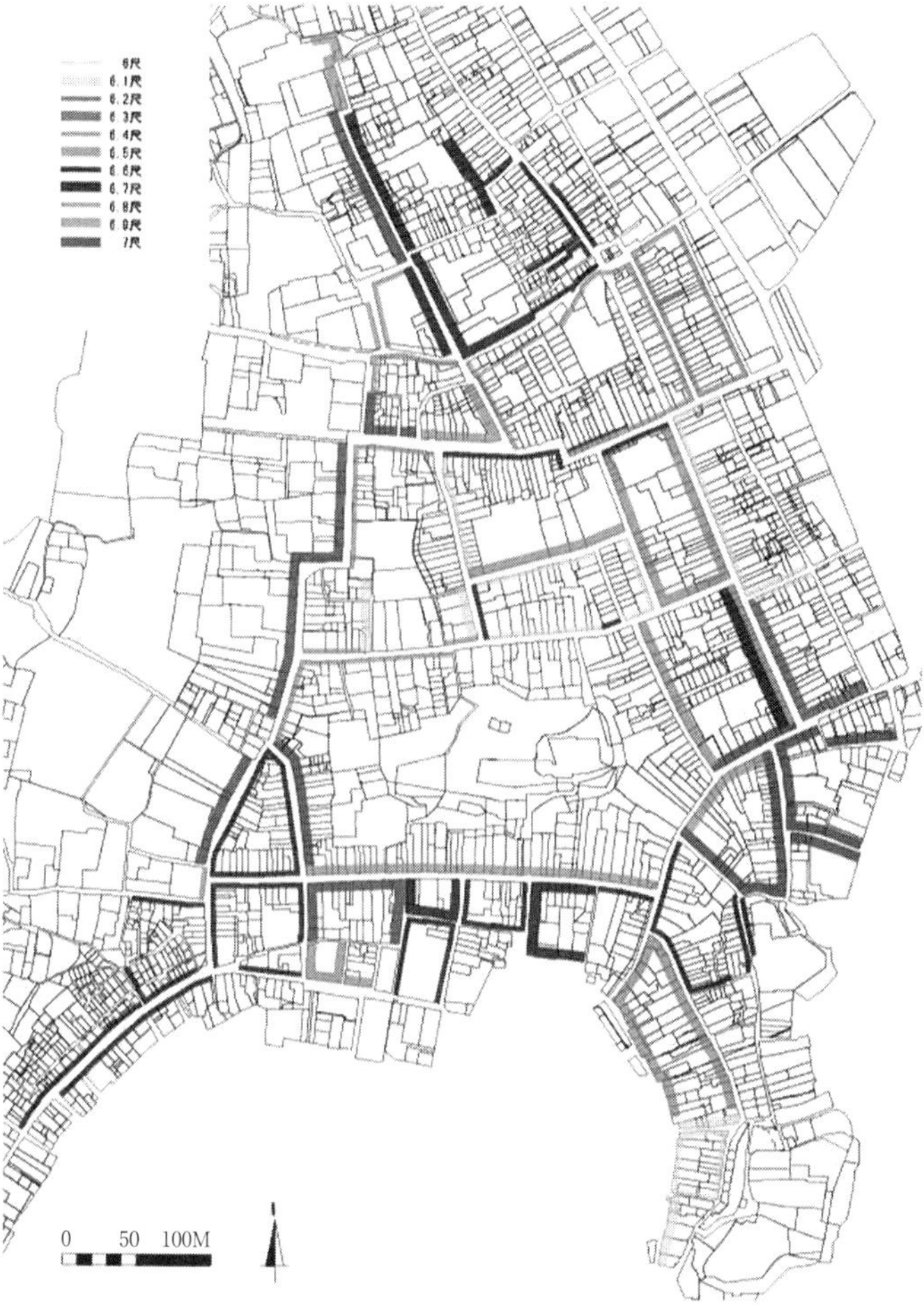

図61　鞆の浦の街区測地尺の推定図

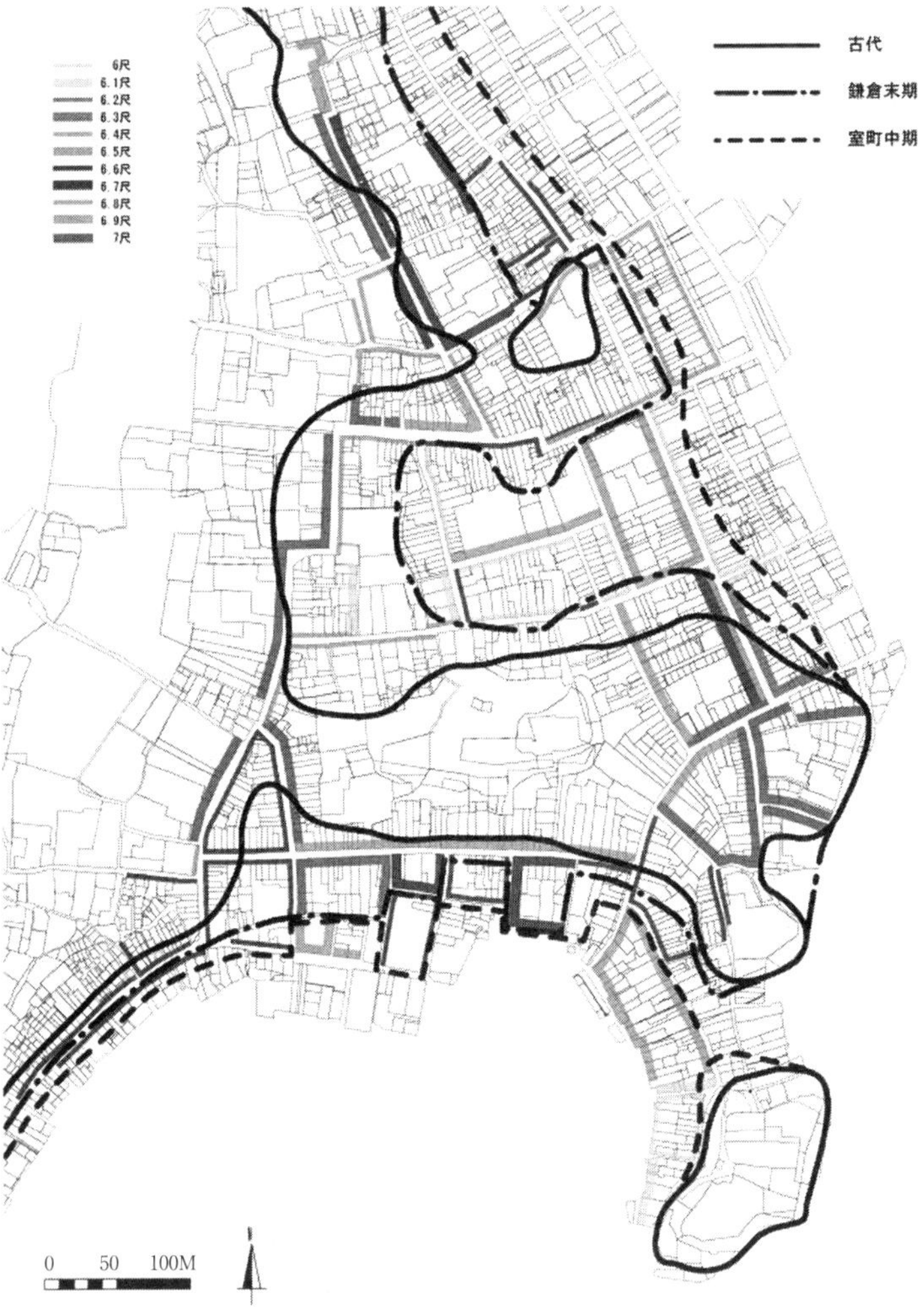

図62　鞆の浦の推定海岸線図

図63　澤村家倉庫の外観

図64　澤村家倉庫の土間上部の吹き抜け

料ではありません。あくまで推測した結果なので、傍証の一つです。そこで、一次史料である文献や発掘調査の結果とつきあわせてみないと確実なことは言えません。せいぜい「推測される」ぐらいのところです。

鞆の浦の場合は、もちろん鎌倉末期の屋地史料や、それぞれの地点での発掘調査の結果とつきあわせてみて、その結果、この測地尺推定法が見当外れの方法ではないらしい、ということになりましたので、ここで報告しているわけですが、詳細は調査報告書をごらんください。

⑾　澤村家倉庫の^{14}C年代測定

そのような鞆の浦で、町家で一番古いと言われている澤村家倉庫において^{14}C年代測定をやらせてもらいました。この建物は、図63のように二階が結構高いのですが、先ほどの宮島のいちばん古い町家と同じように貫がずれています（図64）。このほかにも、部材のはまぐり刃の手斧はつりの刃痕など、いろいろな理由から、これまでも広島大学の鈴木充先生や三浦正幸先生たちが一七世紀後半であろうと、いくつかの報告書で指摘しているのですが、どうも一七世紀の町家にしては二階が高くて気持ちが悪いのです。というのも、宮島のところで説明したように、二階はしだいに高くなるという感覚がわたし達、建築史家の中にあるからです。

そこで、やはり中尾さんと一緒に調べてみました。図65に示した位置の柱と差鴨居《さしかもい》、これらは当初

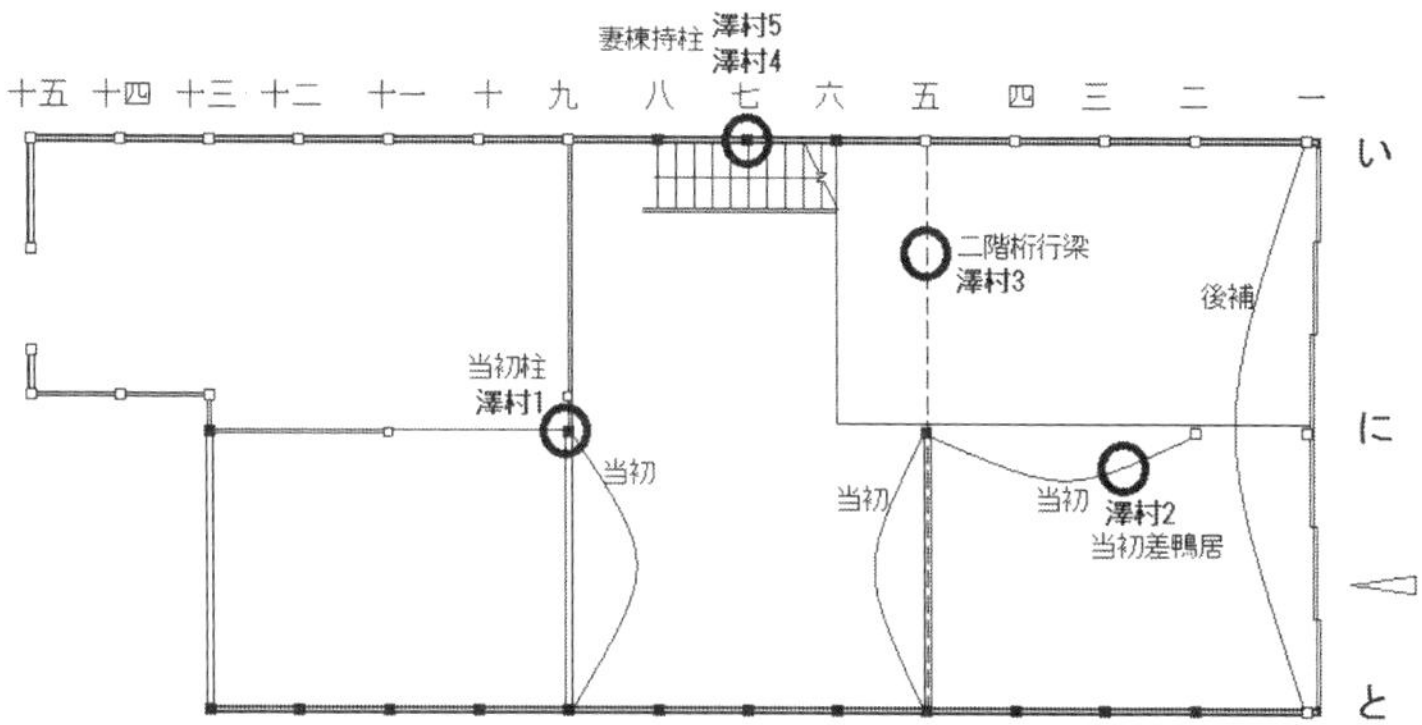

図65　澤村家倉庫の^{14}C 年代測定材の位置図

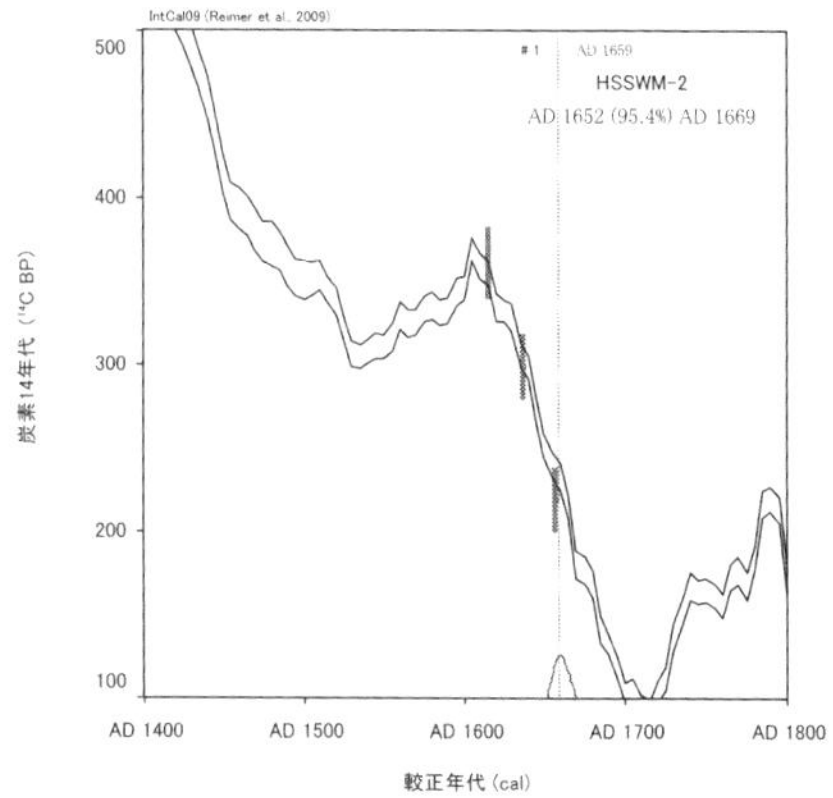

図66　澤村2（差鴨居）の測定結果

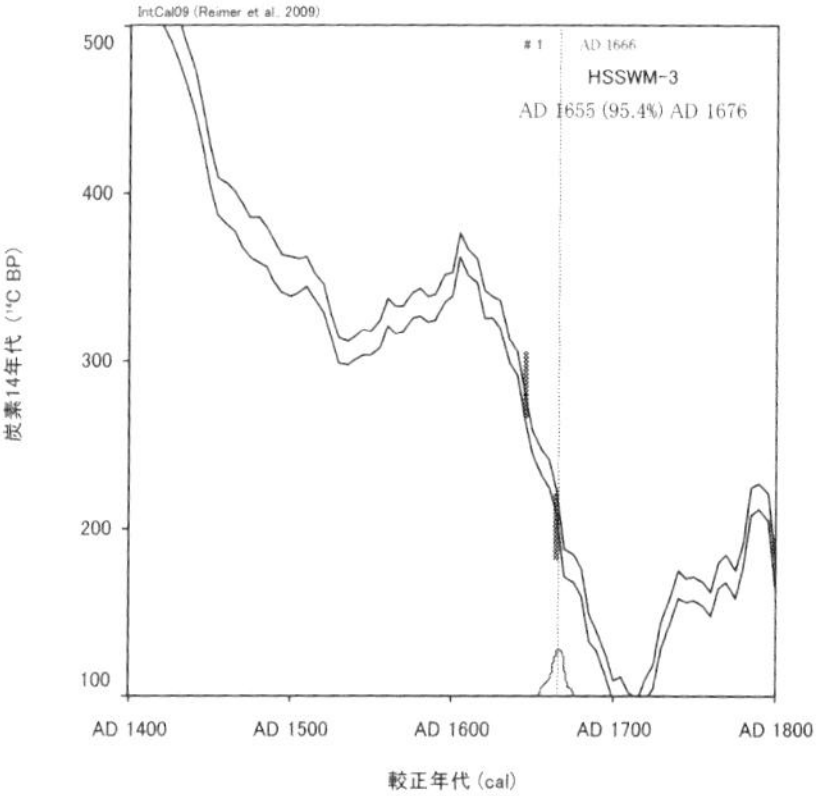

図67　澤村3（2階梁）の測定結果

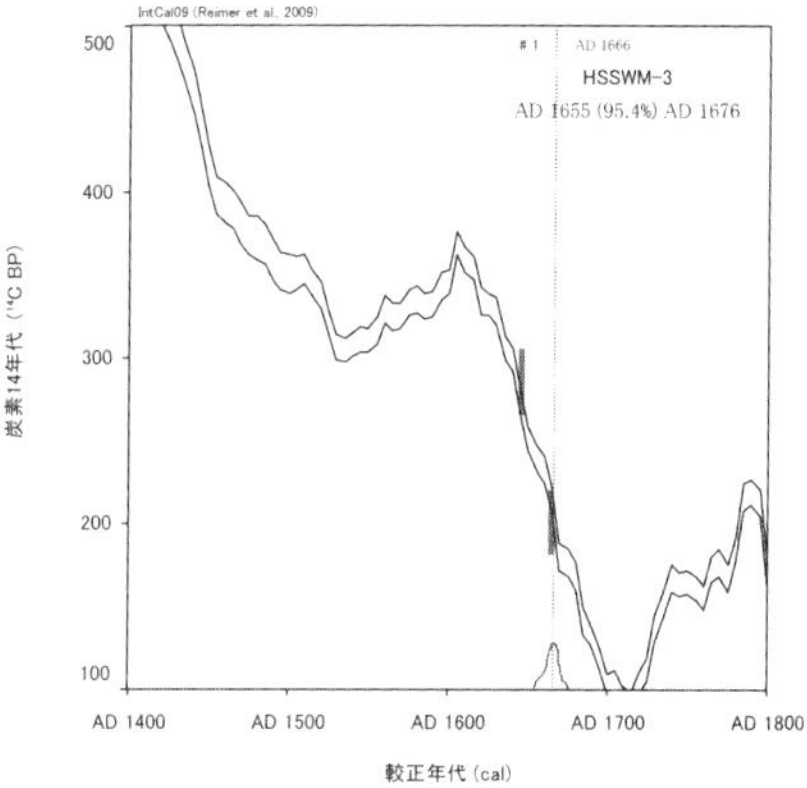

図68　澤村1（柱）の測定結果

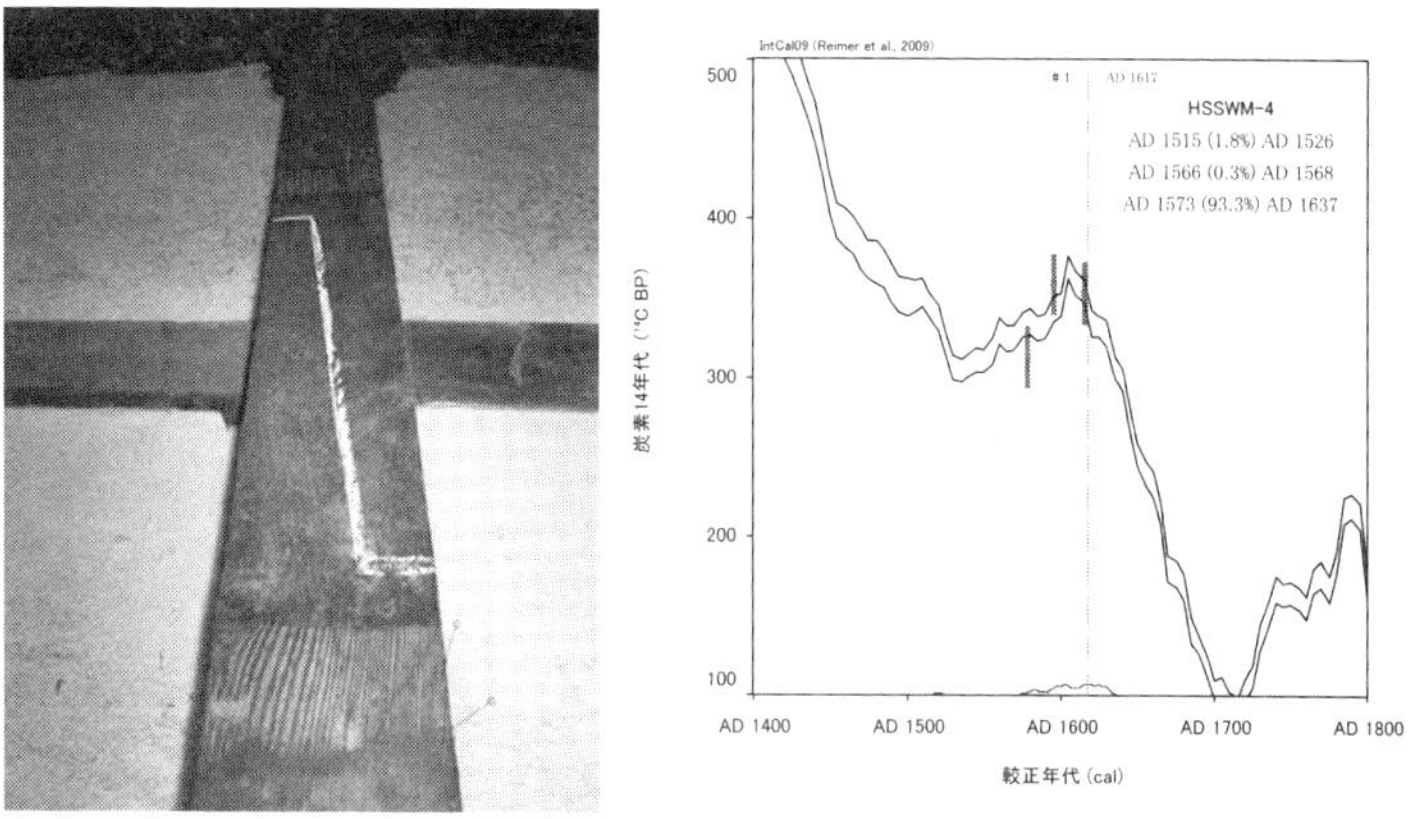

図69　澤村4（側柱：下部）

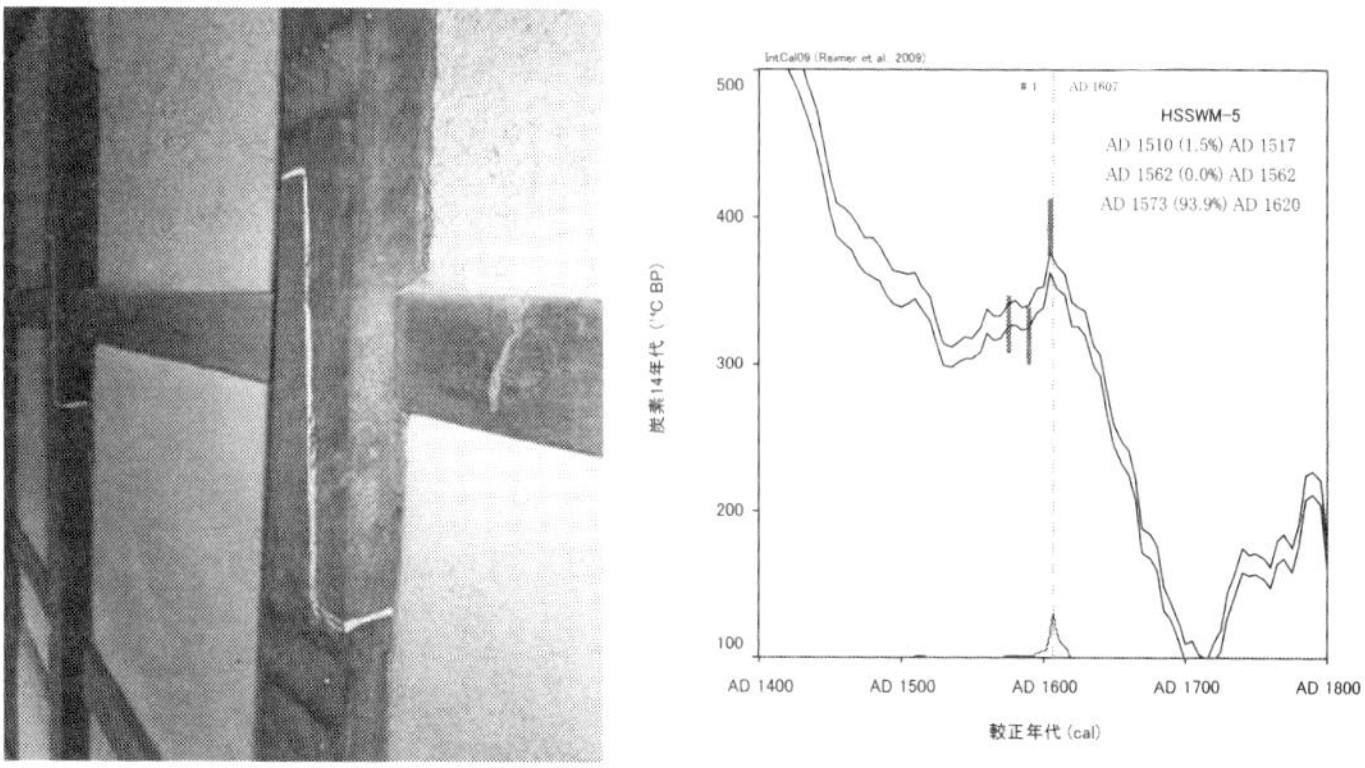

図70　澤村5（側柱：上部）

材であると他の方々も認めているものです。それから二階の梁も調べました。その結果、図66の差鴨居と図67の二階で使われている梁から、一六六五年前後という分析年代が出ました。図68の柱は、もっと古く室町後期の値が出ました。このことをどう解釈すべきか、まだ検討中ですが、少なくとも一七世紀後期には現在の姿で建っていたと考えられます。

この町家の特色として、図69のように側柱は継いであることが興味深い点です。並んでいる他の側柱も同じ高さで継いであります。これはどういうことか考えてみると、どうも入手した柱の長さが二階建ての家を建てるには足りなかったので、繋ぎながらつくったのではないかと思われます。後世の増築ではないということは、今回、その上に継がれた柱も、図70のようにまったく同じ年代を示したことで証明されました。まあ、これは見ればわかることで、後で継いだ柱は新しく見えるべきですが、同じ古さに見えるのですから、両方を測定する必要はなかったのですが、当初から二階建てか否かは重要な問題だったので、科学的に裏づけてもらったわけです。

⑿　一七世紀前半までの二階建て町家

何が重要な問題なのかというと、こういう風に二階に大きな窓があって、住めるくらいの高い二階をもつ一七世紀の町家は、これまで日本では見つかっていませんでした。ところが、国立歴史民俗博物館にある『江戸図屛風』や、京都国立博物館にある『祇園祭礼図屛風』、あるいは有名な『洛中洛外図屏風』でも舟木本や池田本のように一七世紀前半のもの、寛永時代ごろまでに描かれたといわれる屏風絵に、人が使うことができる高い二階をもつ町家が描かれています。つまり背の高い二階建の町家は、寛永時代までは許されていたけれども、その後はだんだん規制されていき、背が低いツシ二階建ての町家が一般的になったとするならば、一七世紀の町家遺構である澤村家倉庫の二階が高いこともうなずけるわけです。

先ほど述べたように、二階が高いと新しく見えるという常識がわれわれにはありますが、それは、このような江戸時代初期の本二階建ての町家が発見されていなかったので、われわれの感覚の方が間違っていた、ゆがんだ目でみていたのだということになるのです。

多くの江戸時代の町家は、高さが規制された後の建物であり、そして江戸時代末期から再び二階が高い町家にだんだん戻っていくとすれば、そうした江戸時代の規制が広がる以前の、町家がまだ華やかで、規制を受けずに自由にいろいろなかたちを競っていた、あの屏風絵の時代の町家が、今回の調査で出てきたということになります。

近年の研究によると、江戸時代の初期に背の高い二階建ての町家があったということの背景には、豊臣秀吉が二階建てを奨励した政策があったのではないかということが分かってきています(5)。これを説明するには紙幅が足りませんし、町家研究の最前線の話なので、ここでは屏風絵や文献史料だけではわからない、いろいろなことが実際の建物からわかるということを述べて終わりにしたいと思いま

図71　澤村家倉庫２階居室

図72　澤村家倉庫側柱

す。

図71が二階の部屋の様子です。とはいっても、私はまだ本格的に調査していません。^{14}C年代の測定のための試料採取しかやっていないので、これからきちんと痕跡調査なりをやらせていただきたいと思っているのですが、どうも天井が貼られていなかったように思われます。また、側柱のつくり方も先ほど述べたように二本の柱をつないでいます（図72）。これなど、私は屏風絵などを見ていても予想していませんでした。また、当然一七世紀の町家だったので、図64のような背違いになっていない貫の組み方も、それでよかったのです。

む　す　び

まず、民家編年においては、宮島のように建造年代がわかる事例が少ないときは、どうしても安全方向へ見てしまいますから、実際はもっと古かったということがあります。そういう状況のときに^{14}C年代法を使うと効果大です。

また、先ほど半分はなくなってしまったと述べましたが、かろうじて残された飯田家作業所は、いまは廿日市市役所の建物に保管され、再建されるときを待っています。このように^{14}C年代法によって守られる遺構もあるということも大切です。ついでに言っておきますと、飯田家作業所は、一七世紀の平屋の町家でした。ご承知のように『洛中洛外図屏風』には数多くの平屋の、しかも棟割長屋《むねわりながや》の町家が描かれています。飯田家作業所と失われた隣家は、まさにそうした絵画史料に多く描かれる長屋形式の平屋である町家の唯一の遺構です。これが、一戸分の部材だけとはいえ残されたことは、わが国の文化財保護の観点から見ても大変意義があったと言うべきだと思われます。

また、鞆の浦の澤村家倉庫が一七世紀の町家だと確認されたことも意義深いと思います。^{14}C年代の測定を行う前は、私も二階が高すぎて奇妙だと思うばかりで、そこで思考が止まっていました。しかし、一七世紀の町家だと確信すれば、なぜ江戸初期の古い町家なのに二階が高いのかと考えるようになります。そして、ああそうか、近世初頭の屏風絵に二階が高い町家がたくさん描かれていたと気づき、澤村家倉庫のような町家は、その遺構なんだと考えざるを得なくなります。こうして慣れてしまった常識を疑い、停滞していた思考を動かし始める力が、^{14}C年代測定のような科学的方法にはあることが重要だと思います。

それから、瀬戸内海地方には宮島や鞆の浦のように、近世初期の町家がまだまだあまり知られずひっそりと残っているということも重要です。瀬戸内海に限らず、まだ調査が一通りしか行われていない地方には、江戸時代初期、あるいは中世・古代の建物が残されているかもしれません。

本章でとくに詳しく説明した宮島には、飯田家作業所のように平屋から、ツシ二階建てとなって背後に吹き抜けになったオウエがある若狭家や岩見家、同じように古いと思われるのに二階が比較的高く、意匠が派手な吉田家や小西家など、いろいろなタイプの近世前半の町家があります。これに鞆の浦の澤村家倉庫のような近世初頭の屏風絵に出てくるような町家まで入れると、江戸時代の初め、つまり慶長から寛永ころの絵画史料や文献史料でしか研究できなかった町家の初期の具体的な姿と、その形成過程がこれから詳細に検討できるようになっていくのではないかという期待があります。

中世は言うにおよばず、近世初頭の町家は、いままでは絵に描いた餅状態でした。しかし、これからは現実の空間、建築として語れるようになるのではないか、それが今回の^{14}C年代の測定調査で私が得たいちばんの収穫でした。こうした科学的手法を正しく利用し、残された遺構から可能な限りの情報を引き出して、絵や文献だけでは分からなかったさまざまなことが、これからわかるようになっていくのではないか。そう期待して本章を終えたいと思います。

注

（1）『厳島神社門前町―廿日市市厳島伝統的建造物群保存対策調査報告書』（廿日市市教育委員会、二〇〇七年）。

（2）柳田国男「蝸牛考」（『人類学雑誌』第四二巻四―七月号、日本人類学会、一九二七年〈柳田国男『蝸牛考』岩波書店、一九八〇年、に所収〉）。

（3）伊藤鄭爾『中世住居史』（東京大学出版会、一九五八年）一八八頁を参照。

（4）表2は、「厳島の町家建築の年代測定結果」（『広島県文化財ニュース』第二〇九号、二〇一一年九月）に報告済みである。

（5）丸山俊明「町家の二階建てに関する規制と命令」（日本建築学会計画系論文集、第七四巻、第六四五号、二〇〇九年十一月）が代表的だが、それ以前にも、宮本雅明「近世初期都市の景観政策と都市造形─二階建町家建設奨励策と「二階町」をめぐって」（『建築史学』第七号、一九八六年九月〈『都市空間の近世史研究』中央公論美術出版、二〇〇五年、第九章に再録〉）や、日向進『近世京都の町・町家・町家大工』（思文閣出版、一九九八年）などで、このことに関する論考があった。

2　東北最古級の民家
——滝沢本陣横山家住宅主屋および本陣座敷の建築年代に関連して——

宮澤智士

(1)　滝沢本陣横山家の主屋および本陣座敷

本章の話は他の章に比べると一回り小さいテーマになるかと思います。滝沢本陣横山家《たきざわほんじんよこやまけ》住宅、この主屋《おもや》と本陣《ほんじん》座敷《ざしき》の二棟が重要文化財に指定されています（図73、図74）。その建築年代がいつかについて解説いたします。建築年代が判明する民家が多くあることは民家史を体系づける上で大変に重要です。

横山家住宅の建物は、主屋のほうは一六〇〇年代の後半ぐらいということで、だいたいの方の意見は一致していました。しかし、それに接続している本陣座敷の建築年代は、私は、重要文化財指定のときの調査や、それ以降に行った文化財保存修理の報告書でも間違っていたと考えています。当時、本陣座敷の建築年代として、いちばん新しいのは一九世紀、あるいはそれより少し古いぐらいと推測されており、国もこの推測年代をずっと引きずってきました。

私はこの建築年代は違っていると二つぐらいの本に書きましたが、しかし、いまのところ年代を修正するまでにはいっていません。ここでは本陣座敷の年代が違っているということを再度説明したいと思います。

滝沢本陣は、これまでも何度か取り上げられている、会津に所在する古民家です。主屋は東北地方では最古級の民家の一つと考えられています。書院造《しょいんづくり》の本陣座敷の方は、幕末の会津戦争の際に、藩主松平容保《まつだいらかたもり》公が出陣した会津藩の本営で、ここから白虎隊《びゃっこたい》が出陣したことでも知られています。本陣座敷の柱や建具には、会津戦争時の刀痕や弾痕が残されていて、見学に行けば見ることができます。

(2)　民家の調査研究

私は昭和三十四年（一九五九）から今日まで民家の調査研究をしてき

図73　上：白河街道沿いの滝沢本陣横山家。御成門の奥に座敷，冠木門奥に主屋
下：左手から主屋，座敷，座敷の湯殿・便所。御本陣の主屋として建ちが低い

ており、五五年ぐらいになります。そこで「日本民家史」を書こうと思って、地域は北から、時代は中世あたりから始めました。ところが北のほうは会津にきたら引っかかって、そこから進まなくなったのです。というのは、会津の民家はけっこうおもしろく、時間がかかってしまったのです。もう一〇年ぐらい早くからやればよかった！

調査対象は重要文化財の建物を中心としています。私は文化庁建造物課で仕事をしており、建物を重要文化財に指定して守っていく立場にいました。自分でこれはいい建物で指定の価値があると考えた場合には、それを指定候補にしました。ここでは指定物件を中心に述べていきたいと思います。

重要文化財指定建造物などを調査して何に使うかということには、いちおうこだわってきました。だからといって、重要文化財以外の建物を除外するということはありません。

私の小学校のころは、歴史なんていうのはちゃんと教えてもらえない時代でしたし、私は歴史とか国語とか、本を読むのが嫌いでした。それでいてこれまで、歴史のようなことをよく商売としてやっているなと思われるでしょうが、私は現地調査や本を作ることは好きなのです。現地での調査は、いままでに、全国的にやっており、それらの報告書のたぐいは一〇〇冊以上つくったかと思います。

(3)　主屋と別棟座敷は様式が異なる

滝沢本陣横山家住宅は、本陣を務めたりしていますから、民家としてみれば、その地方でもいちばん上層の家です。本陣座敷があり、それがそうとう古いのです。古くから本陣座敷を持っている身分の家です。座敷というのは、床の間があったり、棚や書院があったりします。当家はそういう書院造の座敷を持つ家です。

普通の民家でしたら主屋の中に座敷をつくることが一般的なのですが、この家の場合には、主屋と別の建物のようにして、主屋に本陣座敷をくっつけて建てています。座敷を別の棟、違った棟で建てるというのは、だいたい古い家に多いのです。その当時、一六〇〇年代を考えればいいのですが、主屋の主体部は民家の建て方ですが、これに対して座敷は書院造です。書院と主屋とは建物の様式が違うのです。

いまだと、例えば洋風だ、和風だといっても、そんなことをあまり考えずに家一軒を造ることができます。ところが少し前、明治ぐらいまでだと、洋館、和館といって、別々の建物として建てるようなことをしていました。横山家でもそれと同じことをしているのです（図74）。なぜ、そういうつくり方にしたかというと、江戸時代のそのころだと、民家と書院というのは様式が違う建物ですから、一緒にできなかったということだと思います。それで別棟にして建てたということになったかと思います。

ですから、いまでも残っている上層の古い民家では、別棟の座敷がある家がけっこう多いのです。後になっても、座敷を別棟にすることはそれなりにあります。主体部と座敷部の両者は違う様式の建築だったということです。

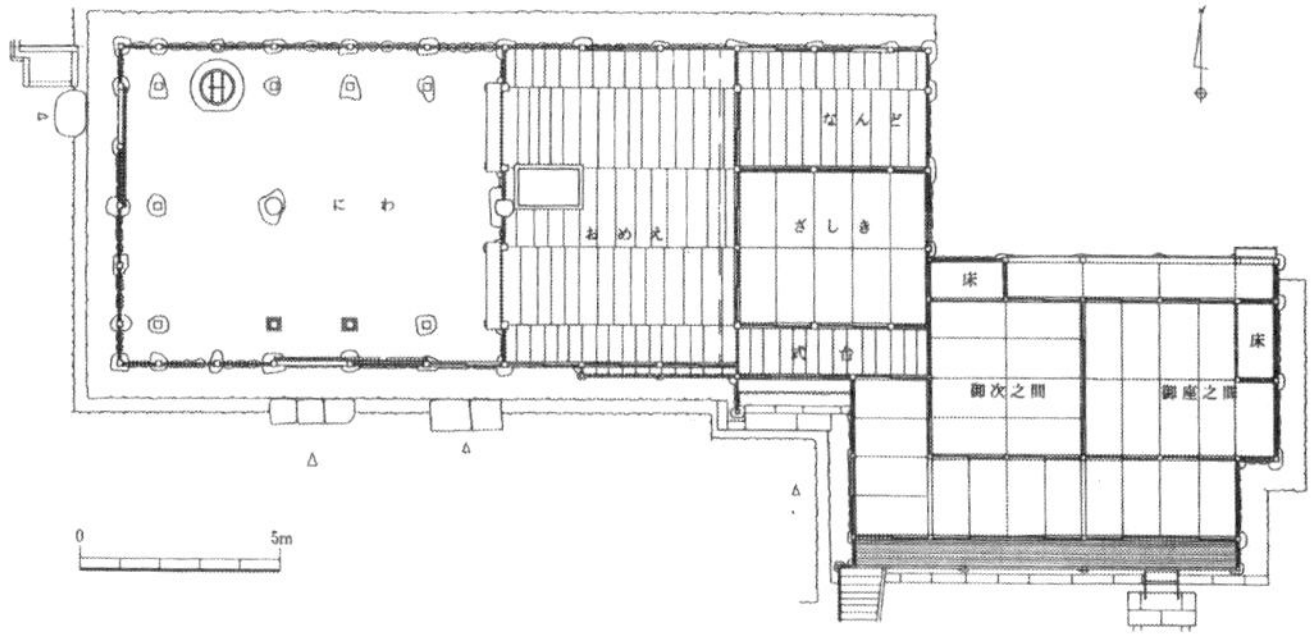

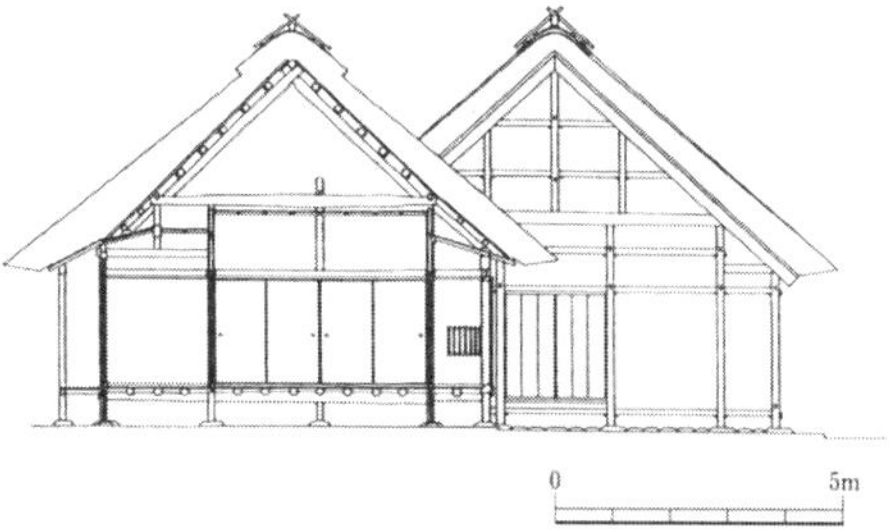

図74　上：滝沢本陣横山家住宅竣工平面図　中：梁間断面図
下：座敷と切妻屋根の主屋（右手）背面の修理

図75－1　土間の梁組，小屋組

図75－2　オメエ内部　棟通りの太い牛梁

(4)　古建築の様式編年

本陣座敷の年代について考えてみます。本陣座敷の年代をいちばん新しく考えた人は、一八〇〇年代の建物と見ていて、その年代がこれまでずっと続いてきています。いまここで、そうじゃない、もっと古いんだといっても、また何かの本が出たりしたら、昔の間違っているのを平気で書かれるかと思います。そういうことがこれまでもずっとあった。だからここでいったら変わるかと期待して、しつこくいわせていただきます。

世の中というのは、皆さん、変えないことがけっこう好きなのですね。でも、誤っていることは間違いないのですから、

図75－3　座敷のトコ，タナ

落掛けと長押の間隔が狭く，トコ差天井など，古い技法を示している。

主屋（土間とオメエ）は，クリ材を用い，部材表面仕上げは荒々しく，天井を張らず，梁や叉首など屋根の小屋組を見せる民家の造り方。

座敷は書院造で，柱は鉋で仕上げ面取りされたスギ材。長押を廻し，床の間や付書院など座敷飾がしつらえられた上質な空間。

直せばいいと思うのですが。

先ほども少し話をしましたが、私の場合にはモノ、すなわち建築そのものから研究を進めています。モノの年代がわかるにはどうするかというと、いちばん簡単にいえば、勘《かん》でわかることです。勘というのは、ただあてずっぽうの山勘でわかるわけではありません。それは頭の中に民家がどう変わってきたかという編年や民家の型が分かっていて、それと目の前の民家を観察して、これを民家の歴史の中に位置づけ、判断するということを頭の中でやっているわけです。つまり民家の時代的な変化や変遷のどこにくるか、編年しているわけです。だからでたらめをいっているわけではないのです。

そういうことですから、建築年代だからといって「何年」と一時期に決定できるわけではなく、二〇年とか三〇年とかある年代幅を持たせているわけです。それは炭素14での年代調査でも同じで、そのくらいの幅が出てきますから、ちょうどいいわけです。

民家の建築年代については、私の様式編年で思っている年代と、^{14}C年代法による年代が一致したら、それがその民家の建築年代だと認識するわけです。

(5)　建築年代とは

いまここで「建築年代」とひと言でいっていますが、建築年代というのは、実際になんの年代かというといろいろあります。例えば棟札があったら、それは建物が建ったときに棟札をつくり、小屋裏に上げたり柱につけておきますが、それは普通でいうと上棟、棟上げのときの年です。ですから建築年代というのは棟上げのことをいっている場合もあるし、これから建物を建てようと思って建築願いを出したときをいっている場合もあります。また、その家に住み始めたときをいっている場合もあります。一年ぐらいの短い間にそれが全部ある場合もありますし、もっとずっと長い期間にわたっている場合もあります。

建築年代はそういう具合で、「いつ」と一時点に決められない場合が多いのです。様式編年で建築年代というのは、実はそのくらいの幅でいっているわけで、一点に絞っているわけではないです。ですから「何年」と決めることは必ずしもできません。もっとも「普請願いはいつ」、「棟上げをしたのはいつ」だったと決めることはできますが。

いまの世の中というのは契約社会です。ですから住宅建築をする場合でも、図面をつくり、この建物はどのくらいの費用がかかり、いつ完成するということを契約してやっています。ということは、建物がいつできるか、竣工するということがとても重要です。それが一年も遅れたら違約金を取られることがあります。契約に違反したりすると、その分だけ金を取られるのです。

昔は、現在のような契約社会ではありませんから、民家の場合、おそらく竣工という言葉はあまり使っていません。では、どういうときにその建物ができたと考えるかというと、これはいろいろあります。「考え」ですから好き勝手に考えてもいいのですが、「住めるようになったら住む」ことが昔の考え方です。例えば、いま（六月）は梅雨に入りましたが、この時期は、農村だと田植えをやっています。春、雪国だったら雪を割りながら春先きから建物を建て始めますが、それ以前からも仕事を進めています。いずれにしても竣工という概念は弱く、住めるようになって住む。屋根を葺いていないとだめですから、ちょうどいまごろの時期だと、屋根を葺いたら、もう住み始めたりすることがけっこうあります。床など張っていなくても住めます。また、例えば座敷などは天井を張るということを、現在でしたら普通にやりますが、天井がなくても住めますから、一代ぐらい後で、天井を張ったりして、座敷としての整備をするのです。例えば私が建てたとします。その後に息子が結婚するときに天井を張るということをやっています。

私は長野県の出身ですが、私の実家の建物は明治四十三年くらいに建てたと推定されます。私の父は明治四十年生まれ、その姉は明治三十八年生まれです。父たちの生まれる前の明治三十五年ぐらいに分家していると思います。台帳を見ると、まだそのころは本家に一緒に住んでいましたから、本家は相当な大家族でした。明治四十三年に本家と分かれたということは台帳を見るとわかるのですが、とにかく、「竣工」という言葉はない。いつできたかまではまだ詳細なところは調べていないですが、そういう状況です。

(6) 本陣座敷の建築年代

横山家の本陣座敷は、先ほど述べたように、私の勘では一六〇〇年代の初めぐらいに建ったと思ってきました。しかし、公式には一八〇〇年代に建ったなどということで、いままでずっと通ってきていました。ただし、修理のときに、一部の方々はそんなことはない、もう少し古いと思っていたようです。昭和修理にあたったのは文化財建造物保存技術協会ですが、それをおかしいと思った節があるのですね。ところが、建築年代についてはおかしいと思いながらも、確証があるわけではないですから、報告書にはそれまでの江戸後期という判断を「違っている」とは書けなかったのだと思います。そういうことから、この本陣座敷もいまだに公式年代では、一八〇〇年代になっています。

滝沢本陣横山家住宅は、六年前に主屋、本年に本陣座敷の^{14}C年代調査をやっています。この年代調査では、主屋の土間と「おめえ」（部屋の名称）境の中央棟下通りの瓜《うり》剝《む》き柱とその脇の角柱

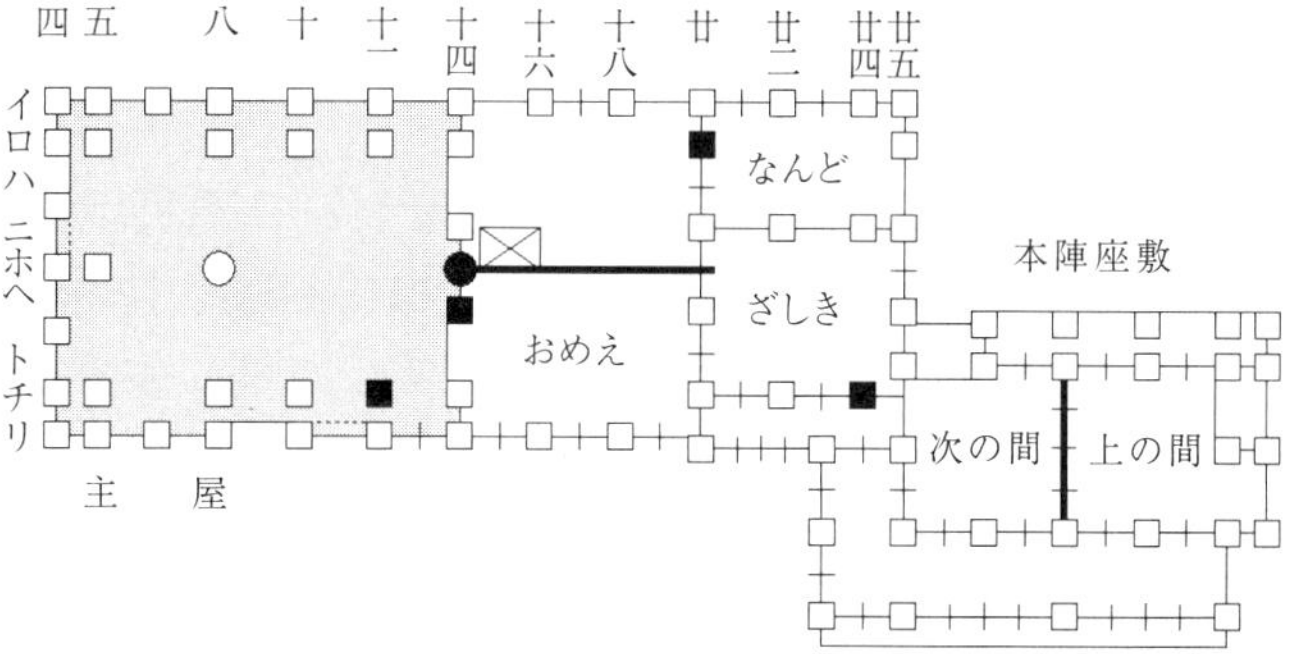

図76　滝沢本陣横山家住宅の平面番付および年代調査部材の位置

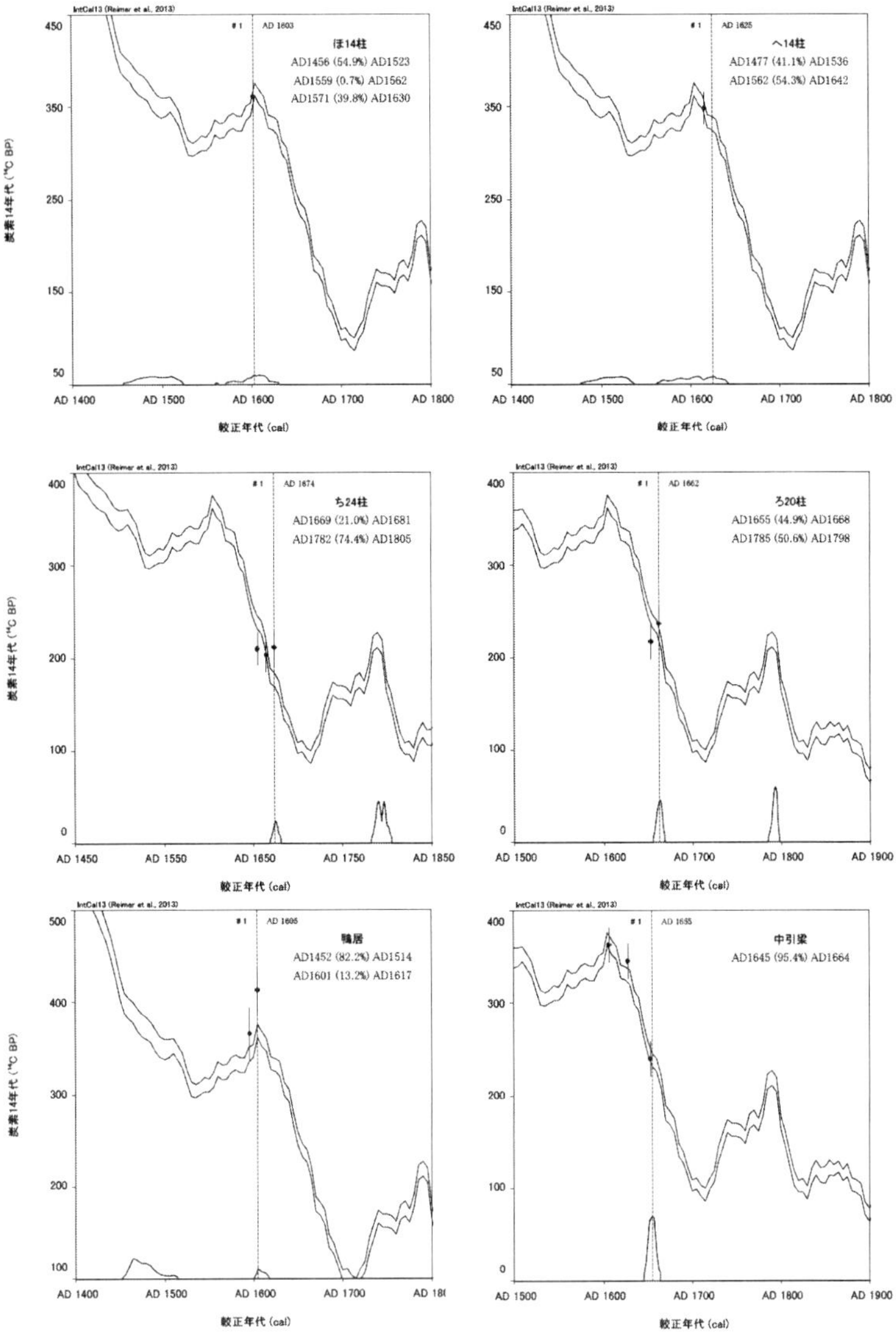

図77　解析グラフ

右上：へ十四柱　右中：ロ廿柱　　右下：「おめえ」中引梁

左上：ホ十四柱　左中：チ廿四柱　左下：「本陣座敷」鴨居

が一七世紀前半以前、主屋土間の柱（チ十二）、「おめえ」の中引梁《なかびきはり》（ホ十四～ホ廿）、「なんど」の入り口脇の柱（ロ廿）、主屋「ざしき」の柱（チ廿四）が一七世紀後半、本陣座敷の「上の間」と「次の間」の間の鴨居《かもい》が一五世紀あるいは一七世紀初めごろという結果となりました。これらの部材の年代と古記録を照合すると、最も古い土間境の柱は、文禄四年（一五九五）に横山家が現在の地に移転した年代とほぼ一致しています。一六世紀末の年代となった土間境の柱は、移転した現在の字《あざ》滝沢の地に最初に建てた建物の柱で、延宝の再建時に再利用されたと考えられます。

主屋土間柱、「おめえ」中引梁、「なんど」入り口脇の柱、主屋「ざしき」と本陣座敷の繋ぎ目位置の柱（チ廿四）の一七世紀後半は横山家が滝沢組の郷頭《ごうがしら》を拝命し、本陣となった延宝六年（一六七八）に対応し、これが横山家住宅主屋の建築年代としてよいでしょう。

そして、本陣座敷の鴨居は、横山家の来歴からも一五世紀はあり得ないので、一七世紀初頭と考えられるわけです。一七世紀初頭といえば、これは主屋の土間と床上境の柱に続く年代となります。これらの結果から、どういうことが読み取れると思いますか？

私は一六〇〇年の初めぐらいに主屋と座敷がひと続きで建てられていたというぐらいの見当をつけています。そして一六〇〇年代の後半、延宝ごろに主屋を大改造しているとすれば、これらの年代の説明ができるわけです。そういうことが[14]C年代調査でぴたっと出たと見ていいのではないかと思います。

本陣座敷の床の間は、落掛《おとしが》けと長押《なげし》の間隔が狭くて、天井の棹縁《さおぶち》がトコ差《ざし》になっているなど、書院座敷の古い形式になっています。一九世紀とはとても思えない、近世初頭においてもおかしくない座敷だと思ってきました。そうして¹⁴C年代調査でも、一七世紀初頭とでたわけです。

この年代は¹⁴C年代調査によるものです。¹⁴C年代法でやった年代は、建築自体の様式年代とは全く違う方法によって推定されたものです。建築自体の年代は、建物そのものを直接見て判断して鑑定しますが、¹⁴C年代法では木材の部材を分析する科学的なやり方で、この二つは全く違った方法です。互いに独立した方法で調査して、その結果が合えば、「合っている」、つまり建築年代として認めてよい、信頼できるということになります。

建築年代といってもそこには時間的幅があります。それを一時点に決定するのはよほどでないと難しいのです。重要文化財箱木家住宅《はこぎけ》（千年屋）は日本で一番古い民家です。当家を私は鎌倉時代とみていますが、これまでそれを証明する論文はなかったと思います。日本でいちばん古くて安全をみて室町時代といってきたこともありますが、それはいたしかたないことです。鎌倉時代といっても、その十分な証拠がないと、強く主張できないわけです。

様式で判断する場合、一番古い建物に具体的な年代を与えることはたいへん難しいのです。民家研究がそのような状況だったところに、¹⁴C年代調査法が出てきました。この調査にはそれなりの金がかかるのですが、もっと多くの民家や建物でやったならば、さらにいろいろなことがわかってくると大いに期待しています。^{14}C年代法の建築年代調査法は、有望な方法であるので、多くの建物に適応してほしいと思います。

ところでこの^{14}C年代法を用いた調査には建物自体がよくわかる者が関わる必要があります。なんとなれば建物を見て「いつだ」という様式年代と、^{14}C年代法でやった年代が合えば、それがその建築年代と認められるけれども、両者が合わなければだめだからです。近世民家のように建築年代が比較的に新しい建物では、^{14}C年代調査だけで、すぐに建築年代を決定するわけにはいかないのが現状です。

3　柱刻銘は弘安九年　国宝大善寺本堂

渡辺洋子

国宝である山梨県の大善寺《だいぜんじ》本堂には弘安九年の柱刻銘のある柱が二本あります。本章ではその柱についてのＡＭＳの放射性炭素年代判定の結果を解説します。

⑴　大善寺本堂の柱

大善寺境内の配置図を示します。本堂は檜皮葺《ひわだぶき》の宝形《ほうぎょう》に近い寄棟屋根の建物です。境内東南部に書院があり、参拝者はその前を通って、江戸後期の建築である山門を潜り、石段を上がって、薬師堂《やくしどう》、すなわち本堂に至り参拝します。すぐ裏に山がせまっており、東日本の本格的な中世密教本堂として非常に有名な存在です。

さて、本堂には柱刻銘がある柱が背面に二本あります。東側隅柱と、西側隅柱で、両柱とも室内側に「弘安九年」と陰刻されています。是非、放射性炭素年代法で研究してみたいと考え、今回の研究の機会を得ました。

最初の予想ではどちらも「弘安九年」と書いてあるので、西暦一二八六年に近い年代が両方ともに出るだろうと期待しました。しかし結果はそのようにならず、その理由について、考えてみる必要が

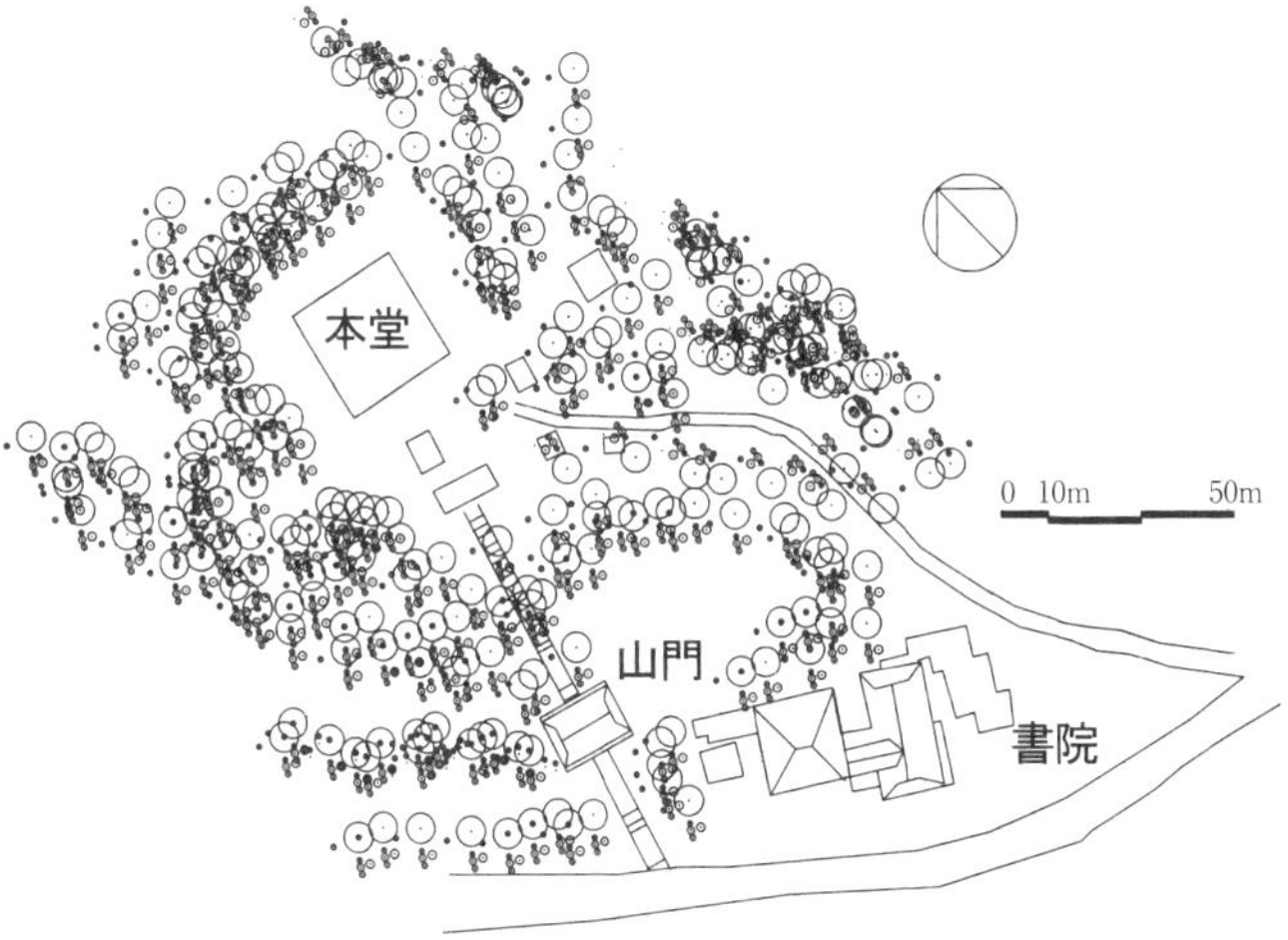

図78　大善寺境内配置図

図79－2　東柱写真

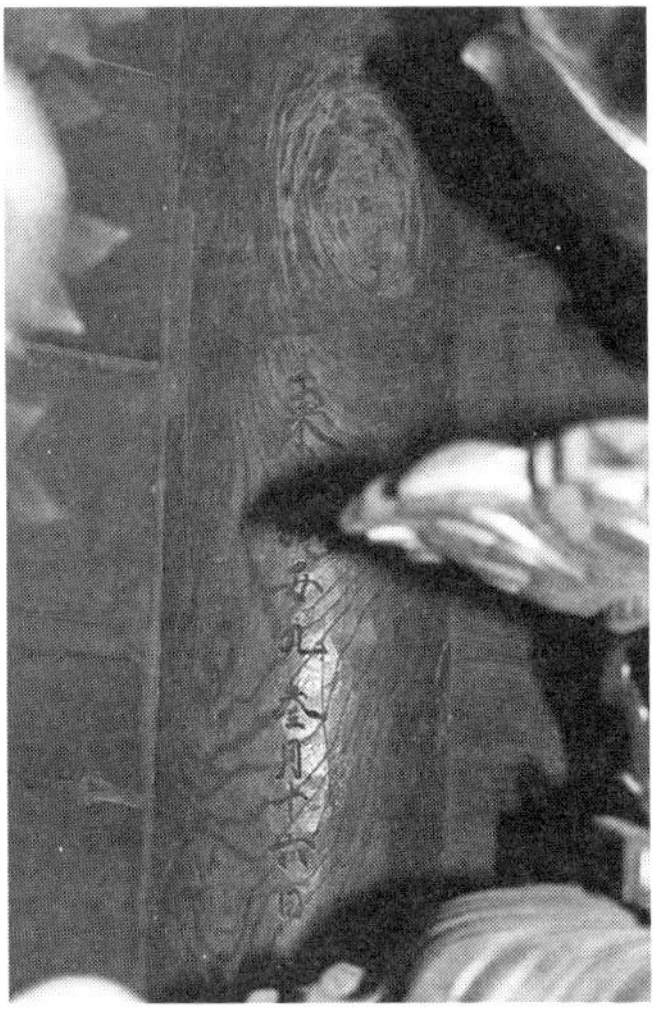

図79－1　刻銘

図80－2　西柱写真

図80－1　刻銘

図81　大善寺本堂

生じました。

さらに両柱で異なる年代が出た場合、北背面でも西側のほうが傷みやすいので、東に当初柱が残り、西の柱は傷んでしまって後補材と取り替わっている可能性があると考えました。ですから、東が一二八六年に近い年代で、西側がそれより後世の材の可能性があるという予測も成り立ちます。しかし結果は、予想から外れました。

(2)　大善寺本堂建立に至る沿革

大善寺の沿革について話をします。まず、行基《ぎょうき》の開創という伝説がありますが、歴史的にはっきりしてくるのは、在地の有力者である三枝守国が天禄二年（九七一）にこの薬師堂を建立したとする一〇世紀末より後です。三枝守国は国衙《こくが》、つまり地方の行政庁ですが、そこの役人の家柄であり、三枝家は長い間、大善寺の檀那《だんな》でした。昭和三十七年、康和五年（一一〇三）の銅経筒《きょうづつ》が山の中から発見されました。その中に三枝守貞と守継の名前が結縁衆《けちえんしゅう》としてあり、一二世紀初頭にも三枝氏が非常に力を持ち、クライアントだったということがよくわかるわけです。

しかし、長寛のときに大きな事件が起こりました。「長寛勘文《ちょうかんかんもん》」という名前の、「勘文」というのは報告書を意味しますが、史料が残っています。まず「長寛」は年号（一一六三〜六四）です。山梨県は熊野の信仰の厚いところで、先の国主であった藤原氏が熊野本宮に領土を寄進し、熊野領になっている場所がありました。それがいまの八代町のあたりで、八代荘と呼ばれています。ここから集められる年貢は国衙に入りませんから、国衙としては面白くないわけです。

　そこでこの熊野領となった土地を、停廃しようとする事件が起きました。これが大事件に発展してしまい、勘文という報告書が作られることになりますが、事件に連座して在庁官人、つまり国衙の役人であった三枝氏は失脚したと考えられてきました。

図82　大善寺本堂外観

　大善寺はその後、一一七六年に焼失して勅命による伽藍復旧が図られましたが、最も大きな火災は文永七年（一二〇七）の本堂《ほんどう》伽藍《がらん》、僧房《そうぼう》、ことごとく焼失という災禍です。復興のための寄進《きしん》がなかなか進まないので、北条貞時が再建の勧進《かんじん》を行い、ようやく弘安九年、柱立てを行うに至りました。

その後正応四年（一二九一）に上棟、徳治二年（一三〇七）頃にほぼ完成したとされるのが、現在国宝に指定されている大善寺本堂です。以上は大善寺の修理工事報告書と、関口欣也先生による研究の成果であると考えてよいものです。

(3)　柏尾山寺は寺院の複合体

これまで大善寺という呼称で話をしてきましたが、山号を柏尾山《かしおさん》といいます。もともとこの柏尾山寺は寺院の複合体であり、その中に大善寺のほか往生院《おうじょういん》、浄瑠璃寺《じょうるりじ》という堂宇《どうう》がありました。往生院は阿弥陀三尊像《あみださんぞんぞう》が本尊《ほんぞん》、浄瑠璃寺は薬《やく》師如来《しにょらい》で、現在の大善寺と同じであり、つまり薬師堂が二棟並び立つかたちの複合体だったということになります。柱について考える時、寺院の複合体だったことは大きな意味を持ちます。

(4)　大善寺造営に関する諸研究

大善寺に関しては、前述した関口欣也先生の先行研究があ

図83　大善寺本堂堂内

り、三枝氏という地元の有力者が八代荘停廃事件に連座し、失脚してしまった。そのために、大善寺の外護《げご》者はそれ以降、鎌倉幕府なのだという考え方をするのがまず一般的な捉え方です。

そして弘安七年の関東御教書《かんとうみぎょうしょ》ですが、これで再建にあたり、甲斐国の勧進を命じます。おおむね本堂が終わった後、延慶三年（一三一〇）五月にも幕府は、いまだ数字の堂宇を残すため、新たに信濃国棟別十文銭を寄進しています。なかなか進まない本堂以外の建物の再建についても、お金を集めることを推進したわけです。これらは関口欣也「大善寺本堂」（『日本建築史基礎資料集成七　仏堂Ⅳ』所収、中央公論美術出版、一九七五年）にまとめられています。

ところで今回のＡＭＳ研究は二〇〇六年、二〇〇七年に行われたのですが、ほとんど時を同じくして日本史の研究者から違う説が出ます（清雲俊元『山梨県史　通史編二　中世』一五八～一六〇頁、山梨県、二〇〇七年）。

清雲俊元先生は大善寺と外護者三枝氏との関係と、クライアントが三枝氏から鎌倉幕府に移ったという点に疑義を唱えられました。「長寛勘文」によって失脚したと推察される三枝氏ですが、実はその六〇年ぐらい後に、丈六（一六尺）の薬師如来像（坐像なので半分の二・四メートル）の造仏を主導していたことがわかりました。複数の仏像に刻まれた「三枝」の名前が発見されたからです。従って三枝氏は一三世紀前半に外護者であったわけです。

また「大善寺文書」のなかにある関東御教書や下知《げち》については、一次資料でなく写しであり、慎重な検討を要するべきである、大善寺本堂の造営に鎌倉幕府がかかわっていたことは確かであろうが、これが全面的な幕府の後援によってなされたと見るまでには至らない。要するに、ずっと三枝氏がサポートを続けたと捉えておられるわけです。

その翌年二〇〇八年に三冊目が出ます。これが秋山敬先生による研究です（秋山敬「創建と歴史」「三枝氏と大善寺」『真言宗智山派大善寺』山梨歴史美術シリーズ二、山梨歴史美術研究会、二〇〇八年）。

秋山先生は造仏活動の示すように、三枝氏が健在であったのは確かだろう、しかし鎌倉幕府からの下知、御教書については認められています。文永火災に先立つ貞応二年（一二二三）頃からの朽廃による再建勧進に際して、まず寺が勧進により一定の費用を集めた後、嘉禄二年（一二二六）に幕府が下知状を発給して再建を支援するという形式をとっていること、文永火災後も幕府が勧進を許可するのは、被災後一四年経過した弘安七年（一二八四）に至ってからであり、寺自身による勧進が困難を極めたからであろうと推察しています。

AMSに頼るだけでは歴史を語ることはできない、建築史を語ることはできないと思います。本研究の考えですが、最後の秋山先生の説が最も妥当だと思います。外護者である三枝氏は長寛に厳刑を受けることなく、檀那であり続けたのは名前の刻まれた仏像が現存することから明らかです。

しかし、再建に関し、鎌倉幕府の関与が非常に少なかったということは、どうしても受け入れられません。なぜならば、大善寺本堂は南都系大仏様の影響が非常にはっきり見てとれる建築で、しかもこれは東日本では大善寺本堂一棟なのです。大仏様建築を導入したのが源頼朝による東大寺再建ですから、大善寺もやはり鎌倉幕府が絡んだ再建であると考えるのがいいだろうと思います。

大善寺本堂には和様建築の特徴である長押が回っていて、また禅宗様系の細部を見ることもできます。一方、大仏様木鼻があり、これは東大寺南大門など大仏様建築の木鼻と同様の形状です。鎌倉幕府は大善寺再建を経済的に助けたのであり、建築技術にどう関わったかの史料は見つかっていませんが、私は鎌倉幕府の関与を考えたいと思います。

(5)　柱の測定結果とその解釈

前置きが長くなりましたが、柱の測定結果です。東柱は大善寺本堂北東隅のケヤキ柱で、堂内に面した柱表面に「東　弘安九　参月十六日」と陰刻があります。修理工事報告書では傷みの激しさが指摘されています。本堂背面からの外観観察で六三年輪が数えられ、心去り材と思われますが、年輪がうねり生き節もあるため、芯持ち材の可能性もあります。柱表面は茶褐色から灰褐色を呈していて黒っぽく見え、心材と考えられます。得られた年代は一〇六七～八九年（ピーク値一〇七八年）で、刻銘年（一二八六）を二〇〇年程度遡るものでした。

続いて西柱ですが、本堂西北隅のケヤキ柱で、「西　弘安九　参月十六日」と陰刻があります。本堂背面からの外観観察で垂直に走る四六年輪が数えられ、心去り材と考えられます。柱表面は白味を帯びた薄茶色の材です。得られた年代は一二八〇～九二年（ピーク値一二八六年）でした。これは最外年輪層の年代なので、製材時に除去された年輪分を考慮する必要がありますが、基本的に刻銘年に合致する結果と考えます。

西柱はピーク値がぴったり刻銘年であり、除去された年輪層や乾燥のための貯木年数を考慮すると、刻銘年以降に補われた材ではないかという可能性もあるのですが、そうは考えません。東柱と西柱の陰刻は同じ筆跡の文字で刻まれており、わざわざ刻銘をした後補材を西柱の位置に再設置するのは現実的でないというのが第一の理由です。

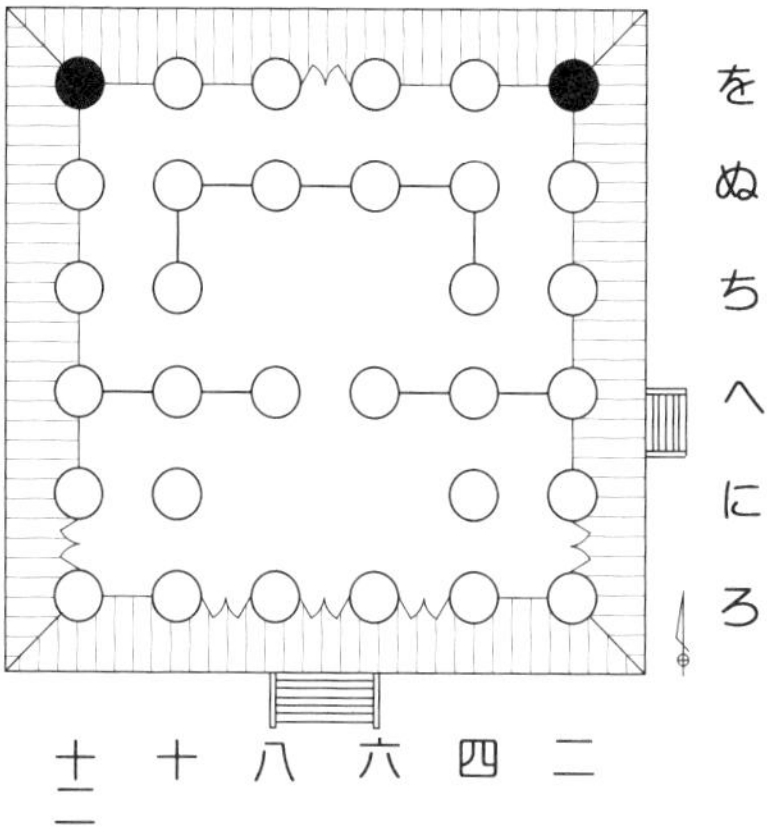

図84　大善寺本堂柱位置図

東柱の測定結果が二〇〇年古く出たことから、追加でもう一本、柱の調査をしました。東柱と外観が類似し、東柱と同様修理工事の際に傷みにより根継された当初柱として「を四」柱を選定し、三点の炭素14年代測定を行い、ウィグルマッチ法で解析しました。得られた年代は一二二七～四三年（ピーク値一二三五年）で、東柱と同時期ではなく、西柱より五〇年程度古い結果となりました。

すなわち三本の柱で、三つの値が出てきたことにな

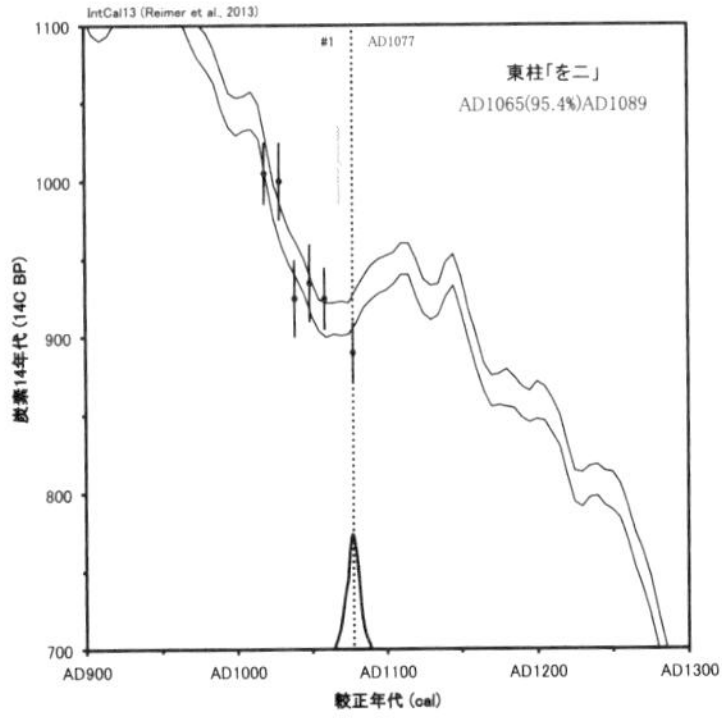

図85　東側隅柱の測定結果

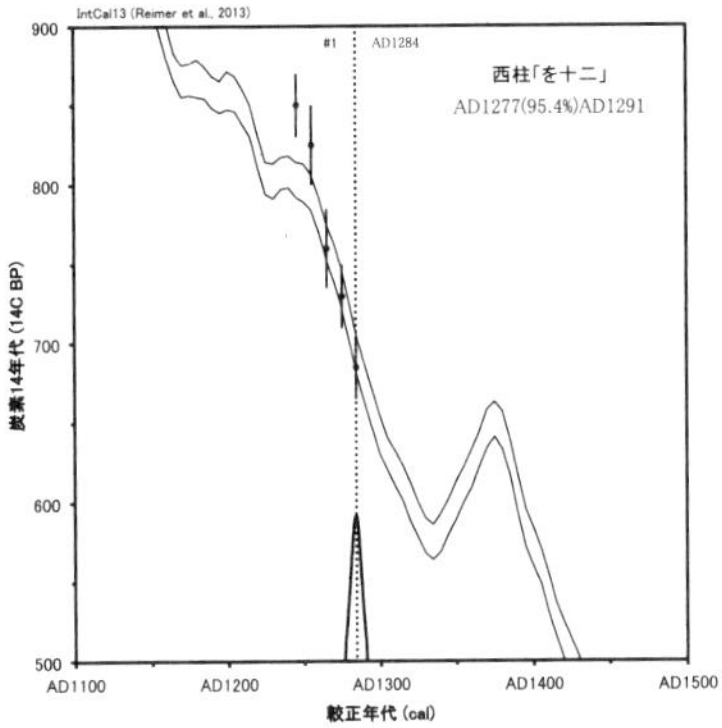

図86　西側隅柱の測定結果

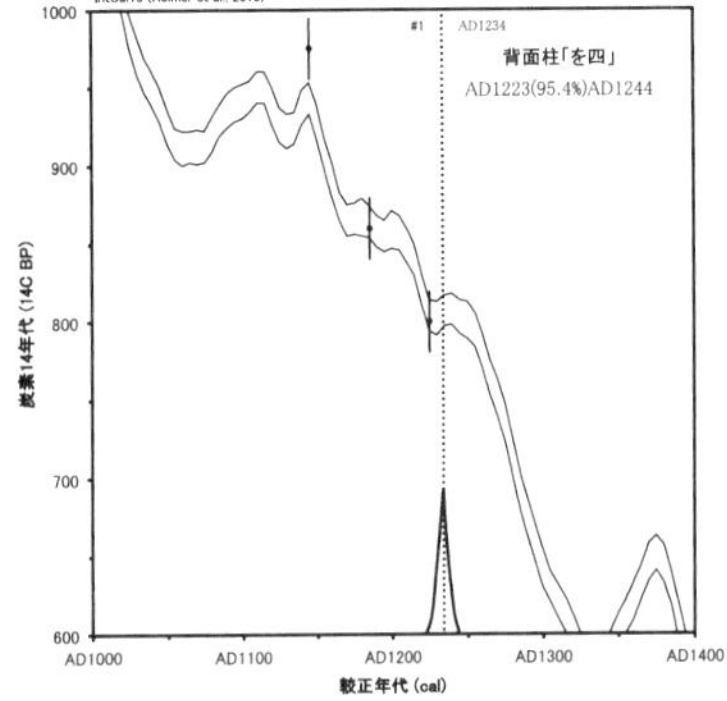

図87　「を４」柱の測定結果

表4　3本の柱の較正年代（東柱「を二」の10年目は計算から除外）

部材	総年輪数	年輪位置	^{14}C 年代（yrBP ±1σ）	較正年代ピーク値
東柱「を二」	63年輪	1	890±20	1067－1089 1078
		10	(1010±25)	
		20	925±20	
		30	935±25	
		40	925±25	
		50	1000±25	
		60	1005±20	
西柱「を十二」	40年輪	1	685±20	1280－1292 1286
		10	730±20	
		20	760±25	
		30	825±25	
		40	850±20	
背面柱「を四」	97年輪	10	800±20	1227－1243 1235
		50	860±20	
		90	975±20	

り、これをどう解釈するかということになってきました。

ここで、先ほど申しました柏尾山寺、これが三大寺院の複合体であったことを振り返ってみる必要があると思います。

浄瑠璃寺という寺院が大善寺に並び立っていました。どちらも薬師如来が本尊です。浄瑠璃寺にも造立された記録があり、その年代が、柱の年代に絡んでいる可能性があります。院政期の柏尾山には二棟の薬師堂が並び立ったと考えられるけれども、おそらく両者の関係も深かったのではないだろうかということです。それまでの建築に関して十分な史料がないから決して推察の域は出ないのですが、浄瑠璃寺造立の柱と関係があるのではないかということが、東の柱の年代に対してあてられる、私たちが考えた年代です。

もう一つ、五〇年古いという「を四」の柱ですが、心材です。そのため柱形を整える目的で複数年分削られているのは確実です。文永火災（一二七〇）後の復興のために伐採され、三〇年分くらいの年輪を削った柱とすれば計算は合います。

もう一つの可能性は、文永火災に先立つ貞応二年（一二二三）頃からの朽廃による再建活動があり、嘉禄二年（一二二六）には幕府が下知状を発給して再建を支援していますが、その成果があって一三世紀の半ば頃に伐採されたとも考えられます。

さて、大善寺本堂ですが、文永の火災後、寺自身が資金を集める時にかなり困難があり、その結果、弘安に新調した柱はあるのだけれども、かつての造営による古材ないし貯木していた材を用いた可能性があるとわかりました。

これが結論なのですが、柱立ての翌十年、幕府は再度勧進を命じ、やっと徳治二年頃にでき上がったと考えられているわけです。その結果、他に類例のない南都系大仏様の要素と和様、禅宗様の諸要素を持ち合わせる密教本堂として完成したと考えることができます。

しかし、まだまだ問題はたくさんあります。昭和二十九年の解体修理報告書は薄く、あまり詳細なものではありません。各部材の痕跡に関する情報がありません。ですから、また次の機会、大善寺本堂解体修理の時期が来るかと思いますが、その時には一度この東西の柱の年輪のあり方を上からしっかりと見て、また、柱に残る痕跡の有無を調べ、この調査との整合性を再度確認する必要があるでしょう。

参考文献

関口欣也『日本建築史基礎資料集成七　仏堂Ⅳ』（中央公論美術出版、一九七五年）
「関東下知状写」「関東御教書」延慶三年五月五日、「関東御教書写」延慶三年九月五日
清雲俊元『山梨県史　通史編二　中世』第四章第二節（山梨県、二〇〇七年）
秋山敬「創建と歴史」「三枝氏と大善寺」『真言宗智山派大善寺』（山梨歴史美術シリーズ二、山梨歴史美術研究会、

二〇〇八年）
『国宝大善寺本堂修理工事報告書』（国宝大善寺本堂修理委員会、一九五六年）
木戸真亜子『建築遺構における放射性炭素加速器質量分析に関する研究』（芝浦工業大学大学院修士論文、二〇〇八年）

4　鑁阿寺本堂にみる中世寺院建築の重層性

上野勝久

(1)　鑁阿寺本堂の平成修理

私は鑁阿寺《ばんなじ》本堂に関して^{14}Cの調査を行い、一つの成果をみることができました。

もう三年前になりますが、図88にあるように、鑁阿寺本堂は平成二十一年度と二十二年度の二ヵ年をかけて屋根の葺き替え修理を行いました。昭和九年に解体修理が終わってから約七五年が経過し、屋根がかなり緩み、瓦にもずれが出てきたということで、全面の葺き替え工事が始まると聞きました。せっかくの機会なので、鑁阿寺本堂について、いろいろな角度から研究したらどうかと足利《あしかが》市に相談したところ、足利市が調査費を二ヵ年計上してくれて、調査ができました。

また、これは文化財建造物保存技術協会が設計監理を行ったのですが、このような屋根の葺き替え修理ですと、文化庁から補助をもらった重要文化財の修理でも、修理工事報告書を出さないのが通常です。調査費をいただいたので、昭和修理の内容も含めて、そこに今回の調査を加えながら深めようということで、研究に取り組みました。報告書は東京藝術大学で出そうと思いました。

調査にあたっては、修理の工事現場に入り、邪魔にならないようにひっそりと調査をするのですが、ちょうど長年知っている安田工務店が工事をやるので、ありがたく調査できました。

　そういった成果を報告書として二年前に刊行したところ、文化財としてさらに評価を受け、平成二十五年五月に国から国宝に指定するという答申が出されました。調査結果が少しでも何かのかたちに繋がったということで、私自身はひそかに喜んでいるところです。

(2)　中世の寺院建築の様式

　まず、鑁阿寺本堂のような中世の本堂というのは、実は當麻寺《たいまでら》本堂（曼荼羅堂《まんだらどう》）にみるように、平安時代末期には一つの原型が、先駆的なかたちで始まっていました。

　當麻寺本堂は正面七間、奥行六間の仏堂ですが、前側を外陣、奥を内陣というかたちで構成

図88　鑁阿寺本堂屋根修理

されています。このような仏堂が平安時代末期にほぼかたちができ上がり、以後、中世の本堂の主流として大きく流れていきました。前述の渡辺先生の大善寺《だいぜんじ》本堂の論考も、このような平面形式ですし、当然、鑁阿寺も同じような平面形式になっています。

當麻寺本堂は、永暦二年（一一六一）にほぼいまのかたちになったわけですが、最初からこのようにできていたものではありません。内陣の部分は、當麻曼荼羅を安置する仏堂として平安前期につくられていました。その後、前に庇を伸ばすなどの改造を経て、最終的には永暦二年に外陣、内陣というかたちで大屋根をかけた仏堂に変わったという複雑な変遷を持っています。

こういう仏堂がすでに平安末期にできていました。対して、これは東大寺《とうだいじ》の南大門《なんだいもん》、東大寺の開山《かいざん》堂《どう》です。このように治承四年（一一八〇）の火災焼失からの復興、東大寺の鎌倉初期には大仏様《だいぶつよう》という建築様式が用いられました。この大仏様のルーツとなったのは中国南宋の建築様式であって、第二代大勧進職《だいかんじんしき》の栄西《えいさい》が再建した東大寺鐘楼《しょうろう》などにも導入されています。

一方、禅宗様ですが、これは禅宗大寺院を創立するときに、同じく中国南宋の建築様式を導入してきたわけです。鎌倉中期、建長寺《けんちょうじ》、円覚寺《えんがくじ》を創建するときに、直接的に中国から導入されてきたといわれています。おそらくそれはまず間違いないのですが、残念ながら禅宗大寺院に鎌倉時代の建造物が残っていないのです。

円覚寺舎利殿《しゃりでん》は、わずか四〇年ほど前まで、建築史学のなかでは鎌倉時代の円覚寺創建の建築とされてきました。これを起点にして禅宗様《ぜんしゅうよう》という様式を理解してきたのですが、日本史のほうから、円覚寺がたくさん火災に遭ったのに、焼けていないのはあり得ないという疑問が出されました。

先ほど名前が出た私の恩師の関口欣也先生は、中世の禅宗様建築を網羅的に調べ、それを藤田先生が行ったように建築年代の編年をしました。そこで、円覚寺舎利殿は、従来、鎌倉後期の建築といわれていたことを否定し、様式上、室町前期、応永年間ごろの建築と結論しました。

応永年間というと、東京都の東村山市に正福寺地蔵堂《しょうふくじじぞうどう》があります。これは応永十四年（一四〇七）の墨書《ぼくしょ》が出ていて、年代が確定しています。それとほとんど同じ大きさ、同じ形式を持つということで、円覚寺舎利殿が室町前期の建築ということがようやく確定しました。わずか四〇年ぐらい前に、そういうことがようやく判明したのです。

それまで鎌倉時代と信じられていた円覚寺舎利殿の禅宗様が決してそうではなく、室町時代のかたちということになると、そもそもの禅宗様はどういうものだったかを、もっと追究するということが課題となります。そこで鑁阿寺本堂が、非常に重要な地位を占めるわけです。

(3)　鑁阿寺本堂の重要性

なぜなら、鑁阿寺は足利氏の氏寺《うじでら》として創建され、鎌倉初期に足利氏が持仏堂《じぶつどう》を中心とした居宅を寺院に改めました。捨宅造寺といいますが、自分の屋敷を改造してできた寺院ということはわかっています。その中心にあるのが鑁阿寺本堂ですが、現在の本堂は鎌倉初期のものがそのまま建っているわけではありません。鎌倉中期の天福二年（一二三四）に、大日如来大殿というかたちで建てられるのですが、それも火災で焼失しました。その後、五年間をかけて再建されたのが、現在の正安元年（一二九九）の鑁阿寺本堂ということになります。

図89は外観ですが、この側廻りの柱の上に組んでいる組物が、柱の上だけではなく、その間にも密に組んでいるのが鑁阿寺本堂の特徴的なところです。こういうものを詰組《つめぐみ》といいますが、この詰組が本当に鎌倉時代であったら、これはいちばん古いものになるのです。柱のところの軸組ですが、横につなぐ材を、全部、貫《ぬき》だけで構成しているのも、禅宗様の特徴になるわけです。

図90も外観です。柱と柱の上の組物、その間にも全部組んでいく詰組という形式です。また、この組物は、外側に尾垂《おだる》木《き》一丁を加えた二手先の持送り式ですが、内側も尾垂木尻を持送ったかたちの形式で、禅宗様らしい形式になっています。

建てられてから約六〇年後の延文三年（一三五八）、この

図89　鑁阿寺本堂外観

本堂では足利尊氏《あしかがたかうじ》を弔う大曼荼羅《おおまんだら》供という法要が行われたのですが、そのときの指図《さしず》が残っています。一部に柱があったか、ないかという問題はありますが、現在の本堂と同じ平面形式を描いており、正安元年の再建のものがその後もずっと続いていたことがわかります。

(4)　鑁阿寺本堂の科学的調査

先程の関口欣也先生の研究でも、建てられてから約一〇〇年後の応永から永亨にかけて、二十数年をかけて、大修理したことはわかっています。しかし、どこまでを大修理したのか、どこまでが鎌倉後期の部分で、どこが室町中期に大修理されたのか、これがよくわかりません。これを判断するのは難しいだろうと思いました。

昭和九年（一九三四）に解体修理を行ったときには修理工事報告書が出されていません。当時としては仕方なかったのですが、かわりに現状変更の資料が残っていて、どこを変えたのかはよくわかります。当時はおおむね鎌倉時代の建築と考えて、当初のかたちに復旧するかたちで修理されました。つまり、昭和の修理では、どちらが鎌倉、どちらが応永というのが難しく、その判断はなかなかできなかったのだろうと思います。

そういうことも踏まえ、鎌倉後期に建てられた正安元年の部分がどこか、室町中期の大修理はどういう範囲で行われたのか、これを今回は調査したわけです。

最初は図面や史料を頼りにしました。とくに鎌倉時代の仏堂で、外陣の虹梁《こうりょう》大瓶束《たいへいづか》の構造形式、架構《かこう》方式があるのは全国的にも他にないのです。唯一、虹梁大瓶束架構を持つ鎌倉時代の本堂の類例に、和歌山の松生院《しょうじょういん》本堂があったのですが、戦争で焼けてしまった現在、禅宗様の架構や構造細部を持つのは鑁阿寺本堂しかないということです。本当に鎌倉時代であれば、鎌倉時代の禅宗様が解明できますので、それを、今回の調査で解き明かそうとしたわけです。

これは内陣、そしてこちらが脇陣と仏壇です。

鑁阿寺本堂は解体修理をする直前の段階、昭和三年に実測調査されていました。おもしろいことに、側廻りのところは江戸時代末期なのですが、安政のときに横材、繋ぎ材を入れて、上部をいじっています。要するに、側桁が外に転んでいたので、なんとか内側に引き付けておこうという修理が行われていました。こうい

図90　鑁阿寺本堂外観（軸部と組物）

う部分は明らかに江戸時代なので、昭和修理では当初のかたち、尾垂木尻持送りの架構の斗栱《ときよう》形式に戻してあります。

調査研究を進めると、昭和の修理で現状変更のときに使われた古材、発見された部材の写真も残っていました。これらの部材をきちんと年代判定すれば、間違いなくどこが鎌倉時代、どこが室町時代の修理とわかると思っていたのですが、これらの部材を探したら、どこにもなかったのです。大事なものなので、どこかに保管していたと思うのですが、七〇年が過ぎたら、行方不明になってしまいました。屋根裏の先端のほうに使っていたり、どこかに格納されているかもしれませんが、そこまでは調べられなかったので、発見できていません。

ほかを探したところ、天井裏の小屋組に謎の浮遊物体、「よく落ちないな」と思った部材がありました。これは後で、化粧隅木《けしょうすみぎ》の断片であって、昭和の修理のときにつっかえ棒替りに使ったということがわかりました。当初の部材を転用しているものも発見できたので、そういった部材や現在も使っている部材を見極めながらサンプルを採り、表5にあるように、計一〇部材について、^{14}Cの調査を行いました。

最初は比較的安価で^{14}Cの調査ができると勘違いしました。単純に「一部材」というのは聞き間違いで、一部材につき三ヵ所のサンプルが必要でした。^{14}Cの調査はたくさんの部材をやろうと思っていたのですが、「三ヵ所やらないと正確な判定が出ません」と言われて、「三倍かかるのか」と驚きました。

結局は一〇部材、調査費の大半を^{14}Cの調査に投入しました。

(5)　構成部材の年代測定

決め手になったのが、小屋組の中に転用されていた旧側桁《がわげた》（丸桁）で、最初は鎌倉時代かどうかがわからなかったのです（図91）。とにかく、これは面戸板《めんどいた》の彫り込みから垂木の打ち付け、下端の実《さね》肘木《ひじき》の圧痕とその間隔などから、ちょうど柱間のいちばん広いところに該当すること、なおかつ詰組になって配置されていることまでわかりました（図92）。木口《こぐち》の断面から試料を三ヵ所採りましたが、ピーク時が一二八一〜九七と出て、その間をとって一二八九、まさしく一二九九年に該当する部材と判定され、これが鎌倉後期の部材ということがはっきりしました。鑁阿寺本堂では鎌倉後期の段階で、確実に禅宗様の組物の形式が用いられていたことを証明できたわけです。

図93にある木口の断面は、決して年輪を知りたいために切断したわけではありません。昭和の修理のときに、どうやらきれいに鋸で切ってくれていました。こんなに美しく目の詰まった年輪でしたので、調査に最適な部材でした。

その他、小屋組では大梁《おおばり》を調べました。図94は、先ほど見せた化粧隅木の断片です。こちらは妻《つま》飾《かざり》に使っている前包《まえづつみ》ですが、これもすごく目が詰まった良材で、年輪が非常によくわかるもので、しかも辺材がありました。このように屋根の小屋組の材料を調べると、これらは全部応永から永享にかけて行われた大修理の部材ということがわかりました。

要するに、応永のときに、天井から上、屋根の修理を全面的に行ったことがわかりました。ただし軒廻りの垂木などは取り替えてないで、あくまで小屋組と妻飾の修理と思います。

ここに、柱とあります。柱が取り替えられていたら、厄介なことと思ったのです。どうしたものかと思い、外陣のところの頭貫《かしらぬき》と台輪《だいわ》を調べてみると、もっとはっきりわかると考えました。調査時にようやく足場を組んで近づいて見たら、台輪もちょっと考えられないような、間を割って使っているという、変わった台輪の使い方をしています。

内部の木鼻《きばな》には、図95のように二つの絵様がありました。図95の下段は応永ごろとわかったのですが、もう一方の図95の上段は全然わからなかった。古いのではないかと思って調べたところ、やはり、図94の上段の木鼻は鎌倉と出てきました。また、よく観察すると、妻飾の部分は応永であるから、それと違う外陣の虹梁《こうりょう》は鎌倉と見たいのです。図面で虹

図91　旧側桁下面

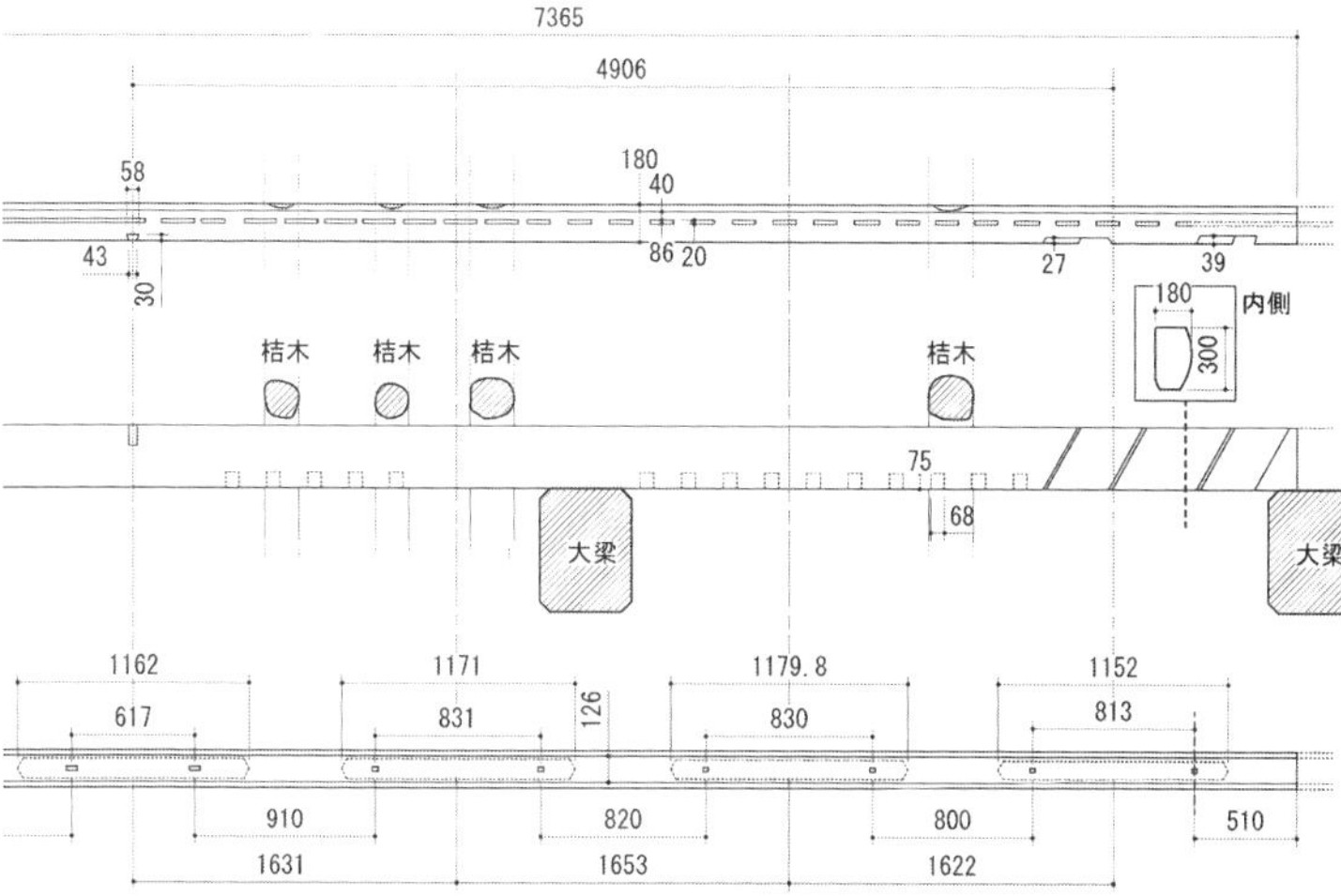

図92　旧側桁実測図

図94　旧地隅木断面

図93　旧側桁断面

頭貫木鼻東面（へ・五）

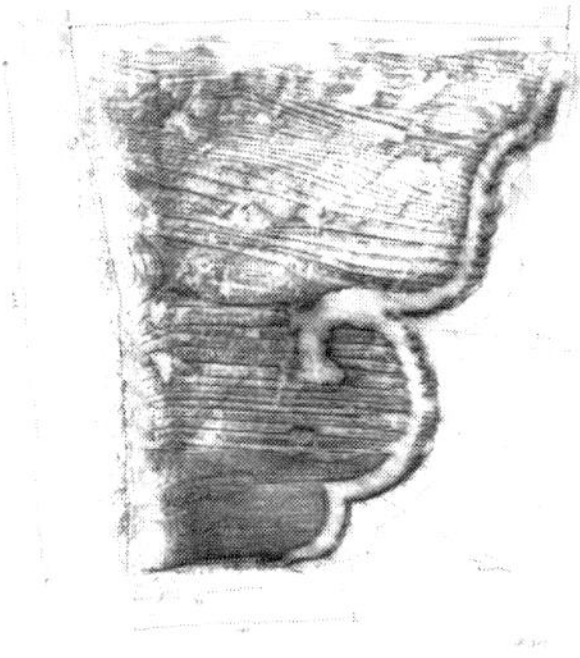

頭貫木鼻西面（へ・五）

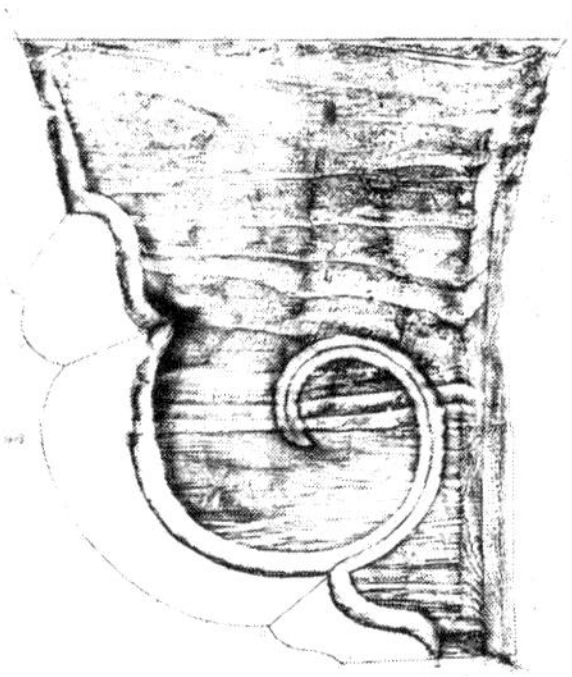

身舎頭貫木鼻北面（に・十二）

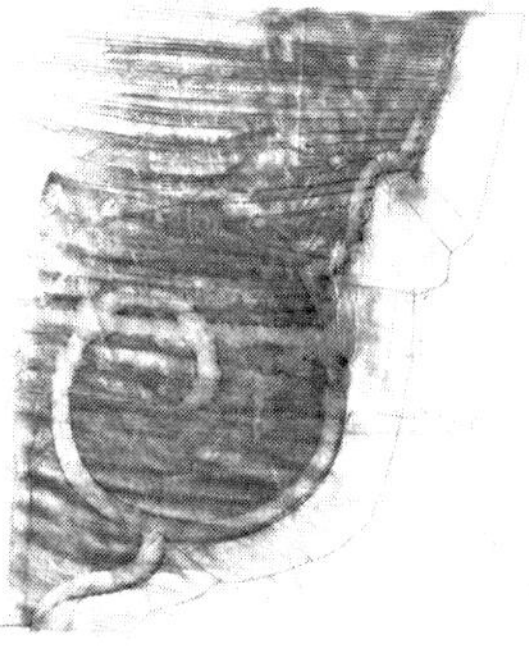

頭貫木鼻（に・五）

図95　木鼻摺本

梁の形状を比較してみると、やはり応永のものとは肩のつくり方、眉の欠き方が違って、外陣のほうが古いかたちを残しているとわかりました。

木鼻を比べると、ちょっと渦が稚拙に巻いているようなものが鎌倉後期で、応永のものは緩くゆったりと張りがあって、細く内まで巻き込んでいます。この木鼻は、円覚寺舎利殿とか、正福寺地蔵堂、要するに関東一円で見られる応永期の細部の様式の特徴が表れているということでした。

(6)　測定結果による鑁阿寺本堂の重層性

先ほどの大善寺本堂ですが、これは東日本を代表する中世の仏堂で、この形式としては最古のものといわれています。基本的には和様、貫を主体にした大仏様で、鑁阿寺本堂とはだいぶ趣の異なった感じです。とくに床から天井までの高さというのは、鑁阿寺本堂では小屋組内ぐらいまで高さがあり、普通に写真を撮ると、外陣の天井の写真は撮れないのです。そのくらい高大感を持っているのが禅宗様の特徴なので、そこが大善寺本堂と大きく違います。わずか十数年の年代差ですが、意匠的に非常に違うということが改めてわかりました。

西に下ると、広島の福山市にある明王院《みょうおういん》本堂ですが、これが大仏様に禅宗様をかなり加味した折《せっ》衷様《ちゅうよう》の先駆的な事例です。元応三年（一三二一）ですが、この本堂自体が非常に小さいのです。建築年代としても鑁阿寺本堂より少し下ります。内部でも二重に虹梁を架けているところはこちらに独自性がありますが、必ずしも禅宗様を取り入れた特徴というわけではありません。

要するに、今回の^{14}Cの調査による部材を年代で区分すると、鑁阿寺本堂は二つの時期、正安の造営と応永の大修理の範囲がほぼ確定できました。鎌倉後期の正安に造営されたところは、図96にみるように、失われてしまった鎌倉時代の禅宗様の様式になっているということです。このことが今回の調査で明確になったことは、最大の成果といえます。

もう一つ、応永の大修理ですが、結局、柱は一本しか調べられませんでした。扉板のところで、枕みたいに使っていた柱の断片材と思われるものを調べました。これを調べたところ、鑁阿寺本堂の柱はおそらく応永のときに全部を取り替えていると思われました。いったいこの応永の大修理が、どんなことを目的にしていたのだろうという、その狙いも、ある程度は推定できました。

図96　鑁阿寺本堂外陣架構（虹梁・大瓶束）

表5　鑁阿寺本堂調査試料一覧

部材	総年輪数	年輪位置	^{14}C 年代 (yrBP ±1σ)	較正年代 ピーク値	判定
旧側桁	60年輪	1－5	675±20	1281－1297 1289	正安材
		31－35	820±20		
		55－59	805±20		
地隅木断片	167年輪	1－5	630±20	1382－1406 1392	推定応永材
		81－85	565±20		
		163－167	835±20		
身舎柱根元断片	123年輪	1－5	605±20	1344－1367 1354	推定応永材
		61－65	670±20		
		118－122	775±20		
東側妻面前包	54年輪	1－5	525±20	1403－1416 1410	応永材
		31－35	705±20		
		50－54	600±20		
大梁へ通桁行	97年輪	11－15	560±20	1351－1370 1360	推定応永材
		51－55	580±20		
		93－97	770±20		
身舎頭貫木鼻「へ五」	47年輪	1－5	645±20	1287－1301 1294	正安材
		21－25	780±20		
		43－47	820±20		
身舎台輪「へ五」	166年輪	1－5	780±20	解析不調	正安か，それ以前
		81－85	930±20		
		162－166	1040±20		
身舎大斗「ほ五」	158年輪	1－5	940±20	1081－1120 1105	正安か，それ以前
		81－85	1000±20		
		154－158	1140±20		
身舎拳鼻「ほ五」	27年輪	1－5	800±20	1240－1273 1255	推定正安材
		23－27	795±20		
側廻り肘木「ほ三」	31年輪	1－5	555±20	1323－1345 1334	推定応永材
		27－31	645±20		

鎌倉後期から応永の大修理までは約一〇〇年ですが、正安に造営したときには、どうも決して良い材料ばかりを用意できなかったのではないかということが第一点です。とくに柱は、今回の調査で確認できませんでしたが、もともと細かったという痕跡があったようです。現在の柱は相当しっかりした太さを持っています。小屋組を大きくつくり、本瓦葺にすることで、屋根の重量は重くなります。そうすると、応永のときの大工は、細い柱では限界があるということで、使える部材は再利用するけれど、柱だけは全面取り替えないと、将来もたないということで、全部を太い柱に揃えたのが応永の大修理と考えました。

ですから、鎌倉のときよりも応永のときのほうが、技術や構造に対する大工の考え方はより発達していたのです。建築様式をみれば、確かに鎌倉時代の様式を残している部分は、もう一度きちんと使わなければいけないということで、今の文化財の修理に近いような、良いところはきちんと再利用するというかたちで修理をしたと思えるのです。したがって、鑁阿寺本堂は、全体の形式に鎌倉後期、正安の造営が保持されていると確定できたと思います。

参考文献

関口欣也『日本建築史基礎資料集成七　仏堂Ⅳ』(中央公論美術出版、一九七五年)
『鑁阿寺本堂調査報告書』(足利市教育委員会、二〇一一年)

コラム　文化財建造物の建築年代

後藤　治

建築史研究や文化財保護の分野において、建築物が造られたいわゆる「建築年代」を特定することは、最も基本的、かつ、重要な意味を持つ作業のひとつである。

建築年代の特定には、一定の学術的な指標が必要になる。建築史研究の草創期には、特定の指標は、建築の様式であった。様式は、建築に用いられるデザインや形に基づくもので、それらには時代の流行がある。そのため、建築年代の判断が可能というわけである。

その後、建築年代の特定には、様式以外の新たな指標が用いられることになる。新たな指標が、学術論争に決着をもたらしたことでよく知られているものに、法隆寺《ほうりゅうじ》金堂《こんどう》・五重塔《ごじゅうのとう》の建築年代に関する「法隆寺再建・非再建論争」がある。同論争では、様式を重視する建築史研究者と文献上の記載を重視する歴史研究者の見解が分かれ、明治末年から様々な議論が行われていたが、昭和十四年から行われた若草《わかくさ》伽藍《がらん》の発掘調査で、歴史研究者に軍配が上がる形（再建）で決着が付いた。ここでは、考古学に基づく知見が、新たな指標となったといえる。

現在は、建築の技術や工法、残された改造の痕跡なども指標に加えられている。それらは、多数の建築が文化財として修復され、その際に得られた知見が集積されることにより、指標となった。その他に、指標として最近新たに登場したのが、放射性炭素調査法と年輪年代調査法に基づく分析である。いずれも、建築に使われている木材が伐採された年代を特定できることから、それが建築年代の特定の指標になる（建築物が造られたのは、伐採年代より後になる）。

様式や技術、工法等による年代特定は、多数のデータを並べ、それと対象物の類似点を探し、それによって判断する。すなわち、データの並べ方そのものが指標といえる。ところが、データの並べ方そのものや類似点の探り方が、個々の研究者の判断によることになるので、指標による判断が研究者ごとに微妙に異なる可能性があり、その違いが学説になり学術論争を生むという側面がある。これに対して、放射性炭素調査法と年輪年代調査法は、分析の結果そのものが、年代特定の指標となる。それに加え、分析の方法も基本的には研究者間で共有されており、研究者個別の判断による違いを生む余地は少ない。こうした点が、それまでの指標と異なるところで、より確実な年代の特定を助けるものといえる。ただし、近世以前には古材の再利用や転用、木小屋での材木の貯蔵がしばしば行われているので、部材の年代の特定イコール建築年代の特定とは必ずしもならない場合があることは、注意すべき点といえる。放射性炭素調査法や年輪年代調査法は、建築年代特定の決定打ではなく、あくまで有力な一指標ということになる。

以上記してきたように、建築年代の特定に関わる指標は、時代とともに増えており、それは学術の進化を示しているともいえる。指標が増えると、それまでの学説とは異なる結果が得られたり、より詳細な建築年代が特定できたりする。そのため、新たな指標を用いた年代の特定が、時に学会をあげた論争になったり、マスコミでも大きく取り上げられたりすることもある。研究者のなかには、論争や興味本位の報道を嫌うがゆえに、新たな学術的指標の登場に一定の距離を置きたがる者もいる。提案された新たな指標が、学術的に信頼に足るかどうかについては、十分な精査が必要なことは言うまでもないが、信頼に足る新たな指標の登場については、学問を着実に進化させるものとして評価歓迎し、それを積極的に採用していくのが冷静な研究者としてのあるべき姿であろう。

Ⅲ　年代研究の可能性

討論・質疑

坂本　稔・中尾七重・藤田盟児・宮澤智士・渡辺洋子・上野勝久

＊以下は、フォーラムの講演をもとに、会場からの質問に応える形で収録してある。

年代測定の方法

坂本　それでは今回のフォーラムの講演を受けて、会場の皆さんの質問に回答していきたいと思います。今回のようなフォーラムは歴博でもあまり例がなく、実は質問が私のところに集中しています。皆さんの協力でお答えしていこうと考えています。

まず、年代測定の方法の選択について、とくに現場で木材、建築部材をご覧になったときに、その材の年代を炭素14年代法で決めようと判断するのか、年輪年代法で決めようと判断するのか、そのあたりはどのようにされていらっしゃるのか、中尾先生、お願いします。

中尾　発表のときにも出た事例で、長野県の池口寺《ちこうじ》というお寺があります。木曽のお寺で、たいへんいい木曽ヒノキが使われていて、最初は炭素14年代法で調べようと思って現場に行ったら、あまりにいいヒノキで、これは年輪年代法が使えるからということで、光谷先生にご連絡して見ていただいたという経緯があります。

費用的な問題からも、年輪年代法はさほど費用のかからない方法ですので、たくさんの材を見てくださることもできますし、使えるものなら年輪年代法を使います。ただ、樹種が限られていること、年輪が一〇〇年以上あること、そして気候をよく反映した個体であることが前提です。つまりなんらかの条件で生育環境をうまく反映しないような個体であった場合や、成長の勢いのよすぎる個体であった場合などは年輪年代法を使えないこともあります。池口寺でも年輪年代法が使える部材もありましたが、使えない部材もありました。使えない部材に関して年代を調べる必要があると思うものは炭素14年代法を行いました。

また、ケヤキや樹種の違うもの、四〇年ぐらいしか年輪がないもの、これはもう年輪年代法は対応できないので、調べたければ炭素14年代法で調べるしかありません。現場でも部材ごとに実際に判断をして適切な調査法を選びます。できればその文化財建造物の、いちばんいいデータを得たいので、調査法をうまく組み合わせて使っていきたいし、実際そのようにしてきたということです。

坂本　ありがとうございます。

今日のご講演のなかで、藤田先生が町家の編年に建物の二階の部分の高さを利用していらっしゃいました。それを具体的にわかりやすくご説明いただければと思います。

藤田　私の場合は、二階の床板の上から、屋根の垂木《たるき》を支えている水平材を「軒桁《のきげた》」といっていますが、その上ですね、天端までを二階の高さとして測っています。ただしいろいろな報告書を見ると、どこからどこを二階の高さとみるかというのは、研究者によって解釈が違ったりします。数字を比べる場合には、どこからどこまでの高さを取ってデータとして出しているかは確認したほうがいいと思います。

坂本　ありがとうございます。

引き続き、渡辺先生に質問がきています。大善寺《だいぜんじ》の柱の測定のお話でしたが、ケヤキは若干狂いやすいという性質を持っています。切った後にすぐ使うというのは、ちょっとどうでしょうかというご指摘がありました。何年か寝かせて、狂いを出したうえで外周を削って製材すると考えることもできるのではないでしょうか。その場合、年代の解釈をどのようにすればよろしいでしょうかというご質問です。

渡辺　ご質問ありがとうございます。

私たち研究者のグループもやり方をだんだんと学び、確からしい年代が出るようにしてきています。ケヤキですから、狂いやすいのはもちろんです。ほどいてしまったら、なかなか元に戻ってくれない木です。ですから、切った直後にすぐ使ったのではないかもしれません。この西柱の解釈は発表でも述べた通り、刻銘年以降の後補の可能性も捨てきれないので、今後の研究の進展に期待したいとも思います。一方、発表の中で十分に議論できませんでしたが、追加で調査した「を4」柱（ピーク値一二三五）が文永火災後伐採され、柱形のために削られたと考えるのに最も妥当な材でしょう。ご指摘、たいへんありがたく思います。

「伐採年」と建築年代

坂本　いま私は「伐採」という言葉を軽々しく使ってしまったのですが、こういった質問がきています。これはできれば皆さんでお知恵を出していただければと思います。

木を切り倒して建築の部材に使った「伐採年」という言葉を使いましたが、これは人が人為的に木を切り倒したという印象を与える名称です。実際は木というものは伐採されたり、あるいは倒木、自然に倒れた木であったり、いまの渡辺先生への質問でもご指摘があった「枯らし」の年代があったり、さらに周辺の切断があったりと、さまざまな理由で「伐採年」という言葉は必ずしも当てはまらないのではないかというご指摘がありました。

私などはいちばん外側の年輪を「最外層」という言い方をする場合が多いのですが、部材によっては切り倒してすぐ建築という手続きにならない。つまり倒れた木を使ったり、転用材だったり、外側が必ずしも伐採年にはなりません。部材を日の当たりにしたときに、いちばん外側の層をどういったかたちで表現されるのがいちばんよろしいか、何かアイデアがあれば、ご発言いただければと思います。

藤田　転用材みたいなケースは、伐採年イコール建築年代ではないということはよくわかると思います。平安時代、一〇〇年も二〇〇年も前から直そうと思ってためておいた木を、あるとき使って、新しい木も入れて建てたお堂などというのはいっぱいあると思います。ですから、その木が切られた年代、伐採年をその建築の年代などと思うのは、それはもう根本的に間違っていると思います。

私の調べた建物でも、同じ建物で同じ当初材なのに、木材の年代は一〇〇年ぐらい違うのは当たり前なので、それはより古い建物から転用したのか、貯木しておいたのか、様々なケースがあると思います。トータルにみて、いろいろな年代の材料を使って建てたのはいつごろだろうと考え、だいたい一七世紀、一六六五年前後に建てられたと考えられていると言っているだけで、建てられた年代と各部材の伐採年は、僕は完全に分けて考えています。

中尾　ノタが付いていたり、表皮が付いていても、その年が伐採ではなく、とにかくその木が最後に形成した年輪ということなので、正確に書く報告書などでは、「最外層年輪の年代」「最外層年代」というような言い方をしています。

ただし、実際にこういう場でお話をするときには、年輪の状況のお話などから始めると、時間がいくらあっても足りないので、実際にはよりわかりやすい言葉を使う場合もありますが、厳密に言えば、「最外層年代」です。

それは表皮が付いていれば、その木自体が死んだ年になりますが、いちばん外側が残っていなくても、炭素14年代法で出るのは、いま残っているいちばん外側の年輪の年代です。そのように理解していただけるといいと思います。

上野　そういう意味では「伐採年」という響きがよくないのでしょう。私も報告書や論文などでは、「伐採年」という言葉をあまり使いたくなかったのです。「最終年輪」のような言い方が一番良いのではないかと思います。「最外年輪層」、「最外層年輪」もいいけれども、「最終年輪」といえば、最後の年輪がその頃ということで、もっとわかりやすいのではないでしょうか。読み替えれば、「伐採年」と読めるかもしれないという気がしました。

坂本　混乱があるといけませんので、私から改めて説明します。

木が生育をやめるのは、人間による伐採の他にも、水害や火山噴火、あるいは自然に枯死することもあります。伐採された木が使われていれば、竣工までの期間を見積もることで、樹皮直下の年輪の年代と建築年を関連づけられます。ですが、伐採によらない場合は枯死から建築までの期間がわからないので、年輪の年代と建築を関連付けることはできません。

私のプレゼンで申し上げたのは、建築に用いられる部材の多くは製材の過程で外側の年輪が落とされていて、残っている最も外側の年輪の年代を示すことしかできないということです。そこで、木の種類や辺材の有無、年輪幅などから落とされた年輪数を推定しているのです。

以上を整理しますと、木が生育をやめた年、伐採年あるいは枯死年は「樹皮直下」の年輪の年代です。一方、調査できるのは部材の「最外の年輪」です。それが樹皮直下の層であれば伐採年・枯死年を示しますが、外側が削られていれば生育をやめた年はわかりません。さらに、伐採による木材であればその年と建築年を関連づけられますが、建築年代そのものについても議論が必要なのは今日の宮澤先生がお話しされた通りです。

木が生育をやめた伐採年や枯死年、部材の最外の年輪の年、そして建築年。この三つの年代をどう関連づけられるかが、建築の年代調査にとって大変重要な課題です。

新しい年代法

坂本　一つ、専門的な質問がきています。これは最後に私からご報告したいと思います。

樹木の年輪を決めるために炭素14年代法と、今回はあまりご紹介できなかったのですが、年輪年代法があります。近年、これに加えて第三の年代法が実用化される段階にきています。

樹木の年輪のなかにセルロースという物質が入っていて、それを細かく分析していくことで年代がわかるのではないかということに着目された先生がいらっしゃいます。近々論文が出るはずです。それについてどのようにお考えですかというご質問がきています。

非常に有望な方法ですが、たぶんそれだけでシンポジウム一日かかるぐらいの内容になります。いまはそういった非常に有力な方法があるということをご紹介させていただくだけにとどめたいと思います。

ただし、このセルロースを使った方法も、やはり木は切らないといけませんし、場合によっては、今回ご紹介した炭素14年代法よりも大量の試料が必要になるケースもあります。その部材にとって何がいちばん適切な方法かということを考えながら、利用していくのがいちばんではないかと思います。

中尾　いま先生がおっしゃった新しい年代法というのは、セルロースの中の酸素同位体比を使ったものなのですが、先ほどの講演でも話した長野県の池口寺薬師堂では、年輪年代法、炭素14年代法、酸素同位体比年代法の三つを使って年代調査をし、成果をあげています。まだこの新しい方法については、最終的に実用化にまでは至っていない段階ですが、これからまた新聞や、いろいろなニュースで皆さんのお手元に情報が届くようになると思います。炭素14年代法も、新しい年代法も、日本の建築文化なり、文化全体に貢献する可能性をたくさん秘めています。ぜひこれからも注目していただきたいと思います。

坂本　ありがとうございました。少し駆け足になって大変申し訳ありませんが、終わりの時間が近づいてまいりました。このあたりで第88回歴博フォーラム「築何年？　炭素で調べる民家の年代研究最前線」を終了します。最前線の研究を皆さんにご紹介できたと思っています。

本日はお忙しいなか、お越しいただきましてどうもありがとうございました。

コラム

年輪年代法と古建築

光谷拓実

我が国はヨーロッパの「石の文化」に対し「木の文化」の国とよくいわれている。その象徴となるものが世界最古の木造建築として有名な法隆寺であり、他の多くの古建築の存在である。実際に古建築を前にしたときわれわれが一番はじめに考えるのは、「一体、いつ建てられたものなのか」ということである。古建築は造られてから今日にいたるまで長い年月が経過しているため、その正確な年代を知ることはかなり難しい。そこで多くは建物の様式の違いによって判断される場合が多い。

法隆寺五重塔心柱の伐採年判明

平成十三年二月二十一日の朝刊各紙には「法隆寺五重塔心柱《ほうりゅうじごじゅうのとうしんばしら》、伐採年代は五九四年」、「再建よりも百年古く」、「心柱伐採は建立百年前」、「信じがたい測定結果」、「再建めぐり新たな謎」などの見出しが躍った。これは年輪年代法による法隆寺五重塔心柱の年代測定結果をうけての記事であった。

今、われわれが目にする法隆寺金堂・五重塔については、明治以来、聖徳太子《しょうとくたいし》のお寺そのものとする考えの「非再建説」と『日本書紀』による天智九年（六七〇）の四月三十日に全焼したという内容をよりどころにその後再建されたとする「再建説」の二説がある。いわゆる「法隆寺論争」として有名である。現在では「再建説」が主流とされている。そのなかにあって、この報道は「再建説」を覆すような測定結果であったため、なぜ約一〇〇年前に伐採されたヒノキが使われていたのかが問題となった。この一〇〇年のズレに対する専門家の見解は他寺院の心柱の転用とするものや一〇〇年前の木を保存していたのではないかとするもので、「再建説」を主張する多くの建築史、美術史、考古学、文献史学の研究者に大きな衝撃を与えたと同時に一気に年輪年代法に対する注目が高まることになった。

その後、法隆寺金堂、五重塔、中門の部材について総合的な年代測定をおこなうことになった。その結果としては金堂には六六七年、六六八年、六六九年の伐採年をもつ部材が使われていたことがわかり、六七〇年以降のものは発見できなかった。一方、五重塔は心柱の五九四年だけが突出して古く、他の部材からは六七三年頃の伐採年が、中門からは六九〇年を前後する伐採年が判明した。この年輪年代調査は法隆寺の歴史を解明するうえで貴重な年代を提示することになった。その後、この結果を受けるかたちで新たな法隆寺論の見解が出されたりしている。

年輪年代法とは

以上の結果を導き出した年輪年代法とは樹木年輪を対象とする自然科学的な年代測定法で、わが国では一九八五年に実用化された。年輪年代法の原理を簡単に説明すると、毎年一層（本）形成される年輪幅の変動変化に着目、現在から過去に遡ってその変動変化を調べあげ、長期の暦年標準パターンを作成して基準パターンとする。つぎに作成済みの基準パターンと年代不明木材の年輪パターンとを照合して年輪パターンが一致したところの年代を試料とした不明木材の年輪にあてはめることにより一年単位の年代を確定する方法である。実際に、古建築の年代調査では、高精細なデジタルカメラを使うため、解体修理の機会をまつことなく、現地に出向き、調査対象部材そのものから計測用年輪画像を撮影することによって可能である。この方法は、非破壊での調査が特徴的である点で、古建築の調査研究にはもっとも適している。

わが国ではヒノキやスギを中心に研究が進められ、いずれも約三〇〇〇年をカバーする暦年標準パターンが作成されており、この年代範囲のものであれば年代測定が可能となっている。これまで日本各地の古建築の年代測定を実施し、数多くの年代情報を提示してきた。そのなかにあって建築史上、いくつかの論争に対し決着をみた事例を紹介することとする。

応用事例

1．国宝正倉院校倉は二棟説？

正倉院《しょうそういん》校倉《あぜくら》の創建年代は、七五六年ごろといわれている。この建物については、はじめ二棟の校倉であったとする「二棟」説と当初から三倉あったとする「一棟三倉」説があり、そのいずれであるか、はっきりしないままであった。この古建築に対し、平成十五年度と十八年度の二度にわたって校倉部材の年代調査をおこなう機会があった。

二度に及んだ調査で、総数三三点の部材についておこなったところ、年輪年代が確定したのは一八部材であった。まず辺材が一部に残存する辺材型（伐採年代に近い年代が得られる形状のもの）の中倉台輪から得られた年輪年代は七四一年＋α年と確定したことから、現在の校倉は奈良時代当初の建物であることがわかった。また、問題の中倉の板壁に使われている板材を三枚調査したところ、二枚の年輪年代が確定した。この二枚はいずれも心材型（原木の外周部が大きく削られ辺材が失われた形状のもので、伐採年よりかなり古い年代を示す）でそれぞれ六七九年＋α年、五七六年＋α年と判明した。外側が削られて辺材部がないことから推算すると板材の伐採年代は七〇〇年代以降が推定された。このことから中倉も北倉、南倉と同じく当初から一棟のなかに造られていたことになり、「一棟三倉」説に有利な結果が出たことになる。このように年輪年代法は長年の論争にも好個の木材があればどちらの説が正しいかを導き出すことができる。

一方、校倉部材のなかの後補材としては辺材型の北倉台輪から一一八九年＋α年の年輪年代が、さらに心材型の中倉屋根裏床板から一一六〇年＋α年の年輪年代が得られた。この二点の部材の年代から、校倉は平安時代末から鎌倉時代初め頃にかけて大きな改修のあったことがわかった。このように正倉院校倉は創建からいく度かの修理を経ながら宝物が長年にわたって守られてきたことがわかる。

2．国宝唐招提寺金堂は鑑真和上創建?

唐招提寺金堂《とうしょうだいじこんどう》は奈良時代の金堂として現存する唯一のものである。金堂の創建年代を示す史料はなく、『唐招提寺建立縁起』により鑑真《がんじん》和上ではなく弟子の如宝《にょほう》が建立したことになっている。如宝が創建にかかわった年代は大きく次の四つのいずれかではないかと考えられていた。宝亀年間（七七〇〜七八一）、延暦年間（七八二〜八〇六）、大同元年（八〇六）、弘仁年間（八一〇〜八二四）の四説である。

先年、一〇年間に及ぶ金堂の全面解体修理工事がおこなわれた。この機会を利用して年輪年代調査を平成十五年度から二ヵ年にわたっておこなった。調査をおこなった部材は総数二四三点で、年輪年代が判明した部材は約六割の一五二点であった。このうち樹皮型（測定年代が伐採年代となる形状のもの）の部材としては地垂木《じだるき》三点があり、辺材型のものは全部で一二点であった。このなかで伐採年代が確定した部材は三点の地垂木でいずれも七八一年に伐採されたものであった。したがって金堂の創建は鑑真和上が生存中のものではなく、宝亀年間〜延暦年間にかけて弟子の如宝が創建した建物であることがわかった。

また、飛檐垂木《ひえんだるき》のなかには一一世紀終わりころの後補材の発見から平安時代後半に大きな修理のあったことがわかる。つぎに、化粧裏板の年輪年代から一七〇〇年を前後するあたりにも大きな修理のあったことがわかった。

以上の事例でもわかるように、建築史学が長年にわたって発展させてきた様式論に基づく年代に加え、古建築に使われている部材の年代調査をおこなえば創建年代や修理年代に直接かかわる年代を提示できるので、その履歴が非常にわかりやすくなり、古建築への興味も一層増すものと思われる。今や年輪年代法は古建築の調査研究には欠かすことのできない研究方法となっている。

コラム

酸素同位体比を使った新しい年輪年代法の登場

中塚　武

最近、炭素ではなく、酸素を使って、木材の年代を測定する方法が注目を集めている。それも炭素14のように時間と共に正確に数が減少していく放射性同位体ではなく、時間がいくら経過しても何も変わらない安定同位体というものを使うのである。樹木の年輪にたくさん含まれている酸素原子の中には、同じ酸素だけれども重さが異なる三種類の「安定同位体」が存在するが、その相互の存在割合は、樹木の生息場所における気象条件の変化等を反映して、毎年僅かに変化する。それ故、木材試料中の年輪（正確にいうと、年輪の中のセルロース）に含まれる安定同位体の比、即ち軽い酸素と重い酸素の存在比（酸素同位体比O－18／O－16）を年輪毎に一つ一つ精密に測定し、それをあらかじめ作っておいた、その地域における年輪酸素同位体比の標準変動曲線（マスタークロノロジー）と比較して、両者の変動パターンが一致する年代を探すことで、その年輪が形成された年代を一年単位で決定できる。つまり、従来の年輪年代法における年輪の「幅」を「酸素同位体比」に置き換えた方法が、酸素同位体比を使った新しい年輪年代法なのである。

年輪の幅に比べて、その酸素同位体比を測定することは、遥かに骨の折れる作業である。それには、強アルカリ性の劇薬等を用いたセルロースを抽出するための一連の化学処理や、高価な同位体比質量分析計を用いた慎重な分析が必要となるし、そもそも年輪幅の計測のときとは違って、貴重な文化財であっても資料を破壊しなくては、酸素同位体比のデータを得ることはできない。それにも関わらず、この方法が注目されている理由は、酸素同位体比の「変動の普遍性」にある。年輪幅の変動は、樹木間での気候（寒暖乾湿）への適性の違いを反映するため、マスタークロノロジーは樹種毎に別々に作成せねばならないが、年輪酸素同位体比の変動は、同一地域で同一季節に成長する樹木であれば、全く同じパターンになるため、年輪数の多いヒノキ材やスギ材で作成した年輪酸素同位体比のマスタークロノロジーが、広葉樹材を含む多くの木材の年代決定に応用できるのである。

年輪の酸素同位体比を決めているのは、樹木が活発に成長する夏季における二つの気象要素、即ち「降水の酸素同位体比」と「相対湿度」である。樹木は降水を土壌経由で取り込むので、降水の酸素同位体比は当然年輪に影響するが、その中に含まれる軽い酸素から成る水は、重い酸素を含む水よりも葉の気孔から蒸発しやすいため、湿度が低くて乾燥が続く年ほど、蒸発によって年輪の原料が作られる葉っぱの中の水の酸素同位体比は高くなる。日本では主に梅雨前線の変動が、夏季における相対湿度等の気象要素を規定しているので、中部から九州まで東西方向に長く伸びた広域で年輪酸素同位体比の変動は良く一致することが分っている。更に酸素同位体比の場合、一つの年層を成長方向に直角に細かくスライスして、年層内の酸素同位体比の変化を分析すれば、こうした気象要素の季節変動（年間サイクル）を知ることも可能である。その膨大な情報を用いれば、年輪数が五年程度しかない木片の年代決定も可能になるし、年輪の無い熱帯の樹木の酸素同位体比の季節変動パターンが、乾季と雨季のサイクルを反映して、あたかも「年輪」のように見えることを利用した、新しい森林生態学・樹木生理学の研究なども始まっている。

酸素同位体比を用いた年輪年代法は、実は、世界に先駆けて日本で初めて実用化されつつある方法であるが、それには理由がある。降水量が多く温暖な日本や東南アジアでは、森に木が多すぎるため樹木個体間の競争が激しく、年輪幅の変動の同調性が低くなる一方で、大気中に広がる雲や水蒸気が年輪酸素同位体比の変動パターンを広域で同調させる役割を果たしてくれる。この点、年輪年代法が元々盛んな寒冷・乾燥地域では、樹木の個体数や種類が少なく、年輪幅だけで十分な年代決定が可能だったし、地下水を利用する砂漠の樹木の場合は、そもそも土壌水の酸素同位体比の変動の広域同調性自身が極めて低い。つまり酸素同位体比とは、世界における年輪年代研究の勢力地図を根本から書き換えて、日本をその最先端地域にする可能性を持つ指標なのである。

酸素同位体比を用いた木材の年代決定法、即ち「酸素同位体比年輪年代法」は、未だ始まったばかりの研究手法だが、既に、中部日本のヒノキや全国各地のスギなどを用いて、現在から四千年以上前までの資料が一つにつながった超長期の酸素同位体比のマスタークロノロジーが確立されつつ

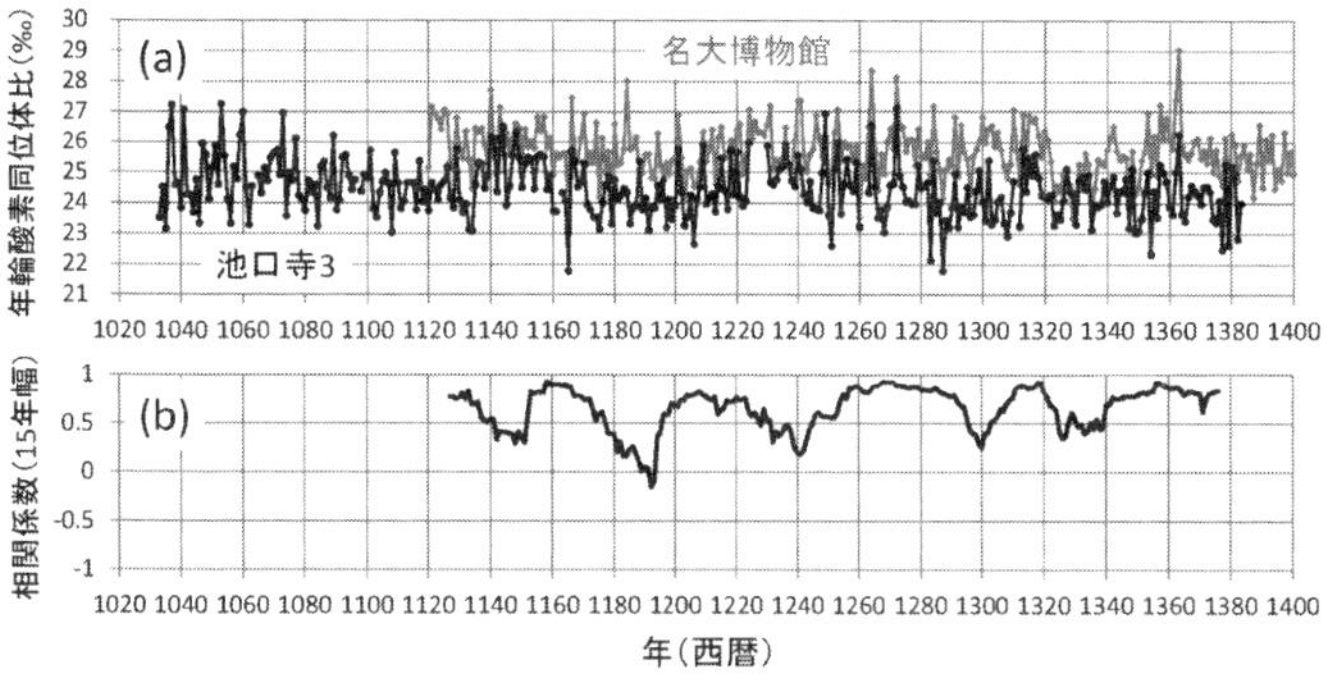

図97　長野県大桑村池口寺の柱部材（池口寺３）と名古屋大学博物館のヒノキ円盤の年輪セルロース酸素同位体比の比較(a)及び両者の間の15年幅での移動相関係数（相関係数は、各々15年幅の中間の年で表示）

ある。それは従来の年輪幅による年輪年代法と組み合わせて、遺跡や古建築の木材の年代決定に既に応用され始めている。図に、中部日本のヒノキ年輪酸素同位体比クロノロジーを確立する過程で測定した、長野県大桑村の池口寺薬師堂の柱材ヒノキの年輪酸素同位体比の変動パターンを、岐阜県中津川市（旧加子母村）で数十年前に伐採された樹齢千年近いヒノキの自然木（名古屋大学博物館所蔵）の年輪酸素同位体比の変動パターンと対比した例を示す（中塚ら、二〇一二）。両者は、共に木曽谷のヒノキであることから当然良く一致し、名大博物館の年輪年代との対比から、この池口寺の柱材の再外年層が十四世紀末であることが分った。この年代は、別途測定されていた放射性炭素のウィグルマッチング法による年代ともピタリと一致している。今後、日本全国のさまざまな時代の古建築や遺跡の年代決定に、酸素同位体比が使われていくことが期待されている。

参考文献

中塚　武・佐野雅規・岡部雅嵩、池口寺薬師堂酸素同位体年代調査報告「長野県宝池口寺薬師堂修理工事報告書」（長野県大桑村池口寺編、二〇一三年）二〇一～二〇九頁

あとがき

放射性炭素年代測定を文化財建造物に適用し、建築年代や改造の年代を調べる年代研究を始めてから十年が経ち、研究の成果が一般の方々の目に触れることが増えてきました。まだまだ知られていない古建築年代研究を紹介し、そのエキサイティングな成果をご紹介する機会としてフォーラムを企画しました。本書はフォーラムでの講演記録に関連分野のコラムを加えて、古建築年代研究最前線の概要をわかりやすくまとめたものです。この書籍をお手に取っていただき、たいへん嬉しく思います。

放射性炭素年代測定は、シカゴ大学のウィラード・リビー博士らがその原理を見出したことに始まります。リビー博士はこの研究で一九六〇年にノーベル化学賞を受賞しています。日本でも一九六〇年代に学習院大学の木越邦彦先生が古建築の放射性炭素年代調査を試みています。その時点では誤差が大きかったのですが、一九九〇年代以降、高精度化が進み、世界的な研究情報の公開共有により古建築など歴史時代の遺物に適用できるようになりました。このような先学者の業績が積み重ねられてはじめて古建築の年代調査研究を行うことができるようになったのです。

現在、古建築を対象とする自然科学的年代調査法には、奈良文化財研究所の光谷拓実先生が日本で最初に実用化した年輪年代法と、本書の放射性炭素年代法、そして二〇一三年に名古屋大学の中塚武教授（現・総合地球環境学研究所）が実用化した年輪セルロース酸素同位体比年代法があります。これらの方法は同一試料を測定するなどして相互検証を行い、互いにその信頼性を確認しています。この三つの自然科学的年代法が信頼できる年代調査の方法であることは学術的には決着済みです。自然科学的な方法による古建築の年代調査の成果を報告する本フォーラムでは、その信頼性や是非そのものについての議論は行っていません。未だ自然科学的年代法についての誤解があるため、ここで申し添えておきます。

ただし、自然科学的な年代調査で得られるのは、柱や梁など建物に残されている部材の一番外側の年輪が形成された年代です。部材の最外年輪層は製材時に削除された部分の内側ですから、部材最外層が辺材（白太）か心材（赤身）か、用材の樹種や木取り、平均年輪幅などの部材情報を以て製材時に落とされた年輪数を推測することになります。ですから部材の最外年輪形成年代と、その部材の元の木材が伐採・枯死などにより生命活動を終了した年代と、建築物が竣工した年代、この三つの年代には当然のことながら「ズレ」があります。

一方、日本建築史学は建築様式に基づいて建築年代を推定する痕跡復原・編年法を研究手法にしています。柱や梁などの部材を観察し、表面に残された加工の痕跡や製材痕や風食痕などをもとに、その部材が当初からのものか後補か、どの時期に当該建築に組み込まれたかを見分け、建物の当初の姿や改造変遷を明らかにします。そして建築の構造や技法・意匠などの様式から「おおよそ」の建築年代を推定します。

古建築の放射性炭素年代調査は、日本建築史学の知見を用いて当初材などの適切な部材選択を行うことが重要です。また、歴史記録や棟札《むなふだ》、前身建物の情報や発掘情報なども参考にしつつ、自然科学的年代調査で得られた部材年代を解釈し、建築年代との関係を考察しなければなりません。こうして、建築史学の「おおよそ」や年代調査の「ズレ」を想定範囲内に収め、妥当で確実な建築年代を得る道が開けるのです。すなわち、建築史学と文化財科学、植物学、歴史学、考古学、民俗学などの共同調査研究がうまく機能することが、建築年代調査には大変重要なのです。

国立歴史民俗博物館（歴博）は、異なる分野の研究者が共同研究できる仕組みを持っています。古建築の年代調査研究が本書に示したような成果をあげることができたのは、共同研究の最も良いところが発揮されたのだと思います。十年前には海のものとも山のものとも分からなかった古建築の放射性炭素年代研究ですが、歴博で放射性炭素年代法に携わられていた今村峯雄教授（現・歴博名誉教授）がその可能性を感じて端緒を作ってくださり、共同研究を始めたのです。そして、学際研究につきものの行き違いや誤解をその都度解きほぐしつつ、坂本先生が汚染洗浄など高精度測定技法を、中尾が試料採取など建築物年代調査技法を開発してきました。この十年間、なかなか理解を得られず、無視・批判にさらされつつも歩みを進めることができたのは、大河直躬先生や永井規男先生をはじめとする諸先生方の励ましと、福武学術文化振興財団、日本学術振興会科学研究費補助金、および歴博共同研究による支援のおかげです。

私たちの古建築年代研究は、日本国内では文化財保存と建築史研究に寄与する部分が大きいのですが、世界的には最も新しい時代の放射性炭素年代研究としてユニークであり、他に同種の研究はほとんどありません。古建築の部材を放射性炭素で測定していく過程で、日本の地域と時代により較正曲線が微妙に異なっていたことを窺わせる結果が得られつつあります。北半球の較正曲線として用いられてきたIntCalは主に高緯度地域の樹木を用いて整備されたものですが、最新版では福井県の水月《すいげつ》湖の湖底堆積物の放射性炭素年代も反映されています。本研究は、太平洋という巨大な海水域に面して北半球の中緯度に位置する日本における放射性炭素の変化を扱っており、高緯度地域とは異なるデータが意味する地球規模の環境動態を示している可能性があります。較正曲線や環境変動など世界規模でのプロジェクトに、古建築部材の放射性炭素年代が一石を投じるかも知れないとすれば、日本の古建築は日本の文化遺産であるだけでなく、世界の環境遺産としてもたいへんな価値を有することになるでしょう。

放射性炭素年代調査法は文化財科学の研究方法の一つとして、現在考古学や歴史学に多く使われています。フォーラムでその一端をご紹介したように、古建築の年代調査にもたいへん良い成果をあげています。ご発表頂いた長岡造形大学宮澤智士先生、芝浦工業大学渡辺洋子先生、広島国際大学藤田盟児先生、東京藝術大学（当時）上野勝久先生は、第一線の建築史研究者で、このような素晴らしい先生方の古建築研究に支えられて放射性炭素年代調査が進んでいることを嬉しく思います。なかでも、栃木県足利市の鑁阿寺本堂は、年代調査の成果も活用いただいて上野先生が関東最古の禅宗様仏堂であることを実証研究され、その研究成果がフォーラムの行われた二〇一三年の国宝指定につながりました。古建築の放射性炭素年代研究にとって、記念の年となったと思います。

コラムを寄稿くださった今村先生、光谷先生、中塚先生、ならびに建築史学の立場から古建築の年代研究をご紹介いただいた工学院大学後藤治教授に感謝申し上げます。本書がさらに充実したものになりました。

また、「イラストで学ぶ炭素14年代法」のキュートなイラストを描いてくださった国立歴史民俗博物館の尾高世以子さんに御礼申し上げます。

本書が古建築に興味をお持ちの方々や、調査・修復に携わっておられる方々のお手元に届き、放射性炭素年代調査の理解の一助となれば幸いです。そして、地方建築や中世・近世の建築にも放射性炭素年代調査は有効なので、皆様の地域の身近な文化財にも、これから使われてゆくと思います。どうぞ、我々と一緒に古建築の謎解きにわくわくしてゆきましょう。

二〇一五年一月

中尾七重

執筆者紹介（生年／現職―執筆順）

坂本　稔　さかもと　みのる　→別掲

中尾七重　なかお　ななえ　→別掲

今村峯雄　いまむら　みねお　一九四二年／国立歴史民俗博物館名誉教授

藤田盟児　ふじた　めいじ　一九六〇年／広島国際大学医療経営学部教授

宮澤智士　みやざわ　さとし　一九三七年／長岡造形大学名誉教授

渡辺洋子　わたなべ　ようこ　一九五五年／芝浦工業大学教授

上野勝久　うえの　かつひさ　一九六一年／文化庁文化財部参事官（建造物）主任文化財調査官

後藤　治　ごとう　おさむ　一九六〇年／工学院大学建築学部建築デザイン学科教授、常務理事

光谷拓実　みつたに　たくみ　一九四七年／奈良文化財研究所客員研究員

中塚　武　なかつか　たけし　一九六三年／総合地球環境学研究所教授

編者略歴

坂本　稔

一九六五年　静岡県に生れる
一九九四年　東京大学大学院理学系研究科化学専攻博士課程修了、博士(理学)
現在　国立歴史民俗博物館教授、総合研究大学院大学教授

〔主要論文〕
「日本産樹木年輪の炭素14年代測定」『号外地球』六四、二〇一四年
「^{14}C-ウィグルマッチ法による高精度年代測定」『考古学ジャーナル』六三二、二〇一二年
「表計算ソフトによる炭素14年代較正プログラムRHCバージョン4」『国立歴史民俗博物館研究報告』二〇一二年

中尾七重

一九五七年　大阪府に生れる
一九九八年　千葉大学大学院自然科学研究科環境科学専攻博士課程修了、博士(工学)
現在　武蔵大学総合研究所研究員

〔主要著書・論文〕
『民家は何の木でできているか』民家園叢書10、川崎市立日本民家園、二〇一一年(共著)
「本棟造民家の分布と信濃小笠原氏支配地域の関連について」『日本建築学会計画系論文集』六〇三、二〇〇六年
「古建築部材を対象にした自然科学的年代調査法の信頼性と有効性」『武蔵大学総合研究所紀要』二三、二〇一四年
N. Nakao, M. Sakamoto, M. Imamura (2014). ^{14}C Dating Of Historical Buidings in Japan. Radiocarbon, Vol56, Nr2

〈歴博フォーラム〉
築何年？
炭素で調べる古建築の年代研究

二〇一五年(平成二十七)三月十日　第一刷発行

編　者　国立歴史民俗博物館
　　　　坂本　稔
　　　　中尾七重

発行者　吉川道郎

発行所　株式会社 吉川弘文館
郵便番号一一三―〇〇三三
東京都文京区本郷七丁目二番八号
電話〇三―三八一三―九一五一(代)
振替口座〇〇一〇〇―五―二四四番
http://www.yoshikawa-k.co.jp/

印刷＝藤原印刷株式会社
製本＝ナショナル製本協同組合
装幀＝古川文夫

ISBN978-4-642-08270-9